高等职业技术院校汽车类专业

汽车机械基础
（第二版）习题册

中国劳动社会保障出版社

简　　介

本习题册是高等职业技术院校汽车类专业教材《汽车机械基础（第二版）》的配套用书。本习题册内容紧扣教材的教学要求，题型全面，题量充足，有助于学生复习及巩固所学知识。

本习题册由吴定春主编，谭洪海、刘锋、刘广、刘书琴参编。

图书在版编目（CIP）数据

汽车机械基础（第二版）习题册/吴定春主编. —北京：中国劳动社会保障出版社，2014

ISBN 978－7－5167－1462－1

Ⅰ.①汽…　Ⅱ.①吴…　Ⅲ.①汽车-机械学-高等职业教育-习题集　Ⅳ.①U463－44

中国版本图书馆CIP数据核字(2014)第236046号

中国劳动社会保障出版社出版发行

（北京市惠新东街1号　邮政编码：100029）

*

北京鑫海金澳胶印有限公司印刷装订　　新华书店经销

787毫米×1092毫米　16开本　7.25印张　172千字

2014年10月第1版　　2025年6月第19次印刷

定价：14.00元

营销中心电话：400－606－6496

出版社网址：http://www.class.com.cn

http://jg.class.com.cn

目　录

绪　论 …………………………………………………………………………（ 1 ）

模块一　链传动与带传动 ……………………………………………………（ 3 ）

课题一　链传动 ……………………………………………………………（ 3 ）

课题二　带传动 ……………………………………………………………（ 5 ）

模块二　齿轮传动 ……………………………………………………………（ 8 ）

课题一　齿轮传动的类型和特点 …………………………………………（ 8 ）

课题二　直齿圆柱齿轮 ……………………………………………………（ 9 ）

课题三　其他齿轮传动 ……………………………………………………（ 12 ）

课题四　齿轮轮齿的失效形式与材料选择 ………………………………（ 13 ）

课题五　蜗杆传动 …………………………………………………………（ 14 ）

模块三　轮系 …………………………………………………………………（ 16 ）

课题一　定轴轮系 …………………………………………………………（ 16 ）

课题二　周转轮系 …………………………………………………………（ 19 ）

模块四　平面连杆机构 ………………………………………………………（ 21 ）

课题一　铰链四杆机构 ……………………………………………………（ 21 ）

课题二　铰链四杆机构的演化 ……………………………………………（ 24 ）

模块五　凸轮机构 ……………………………………………………………（ 25 ）

课题一　凸轮机构的应用和类型 …………………………………………（ 25 ）

课题二　凸轮机构从动件的运动规律 ……………………………………（ 26 ）

模块六　理论力学基础 ………………………………………………………（ 28 ）

课题一　静力学基础 ………………………………………………………（ 28 ）

课题二　平面汇交力系及平衡 ……………………………………………（ 34 ）

课题三　力矩与力偶 ………………………………………………………（ 38 ）

课题四　平面任意力系及平衡 ……………………………………………（ 42 ）

模块七　材料力学基础 ………………………………………………………（ 45 ）

课题一　杆件变形的基本形式 ……………………………………………（ 45 ）

课题二　拉伸与压缩 ………………………………………………………（ 46 ）

课题三　剪切与挤压 …………………………………………………………………… (50)
课题四　扭转 …………………………………………………………………………… (55)
课题五　直梁的弯曲 …………………………………………………………………… (59)
模块八　轴系零件 ………………………………………………………………… (64)
课题一　轴 ……………………………………………………………………………… (64)
课题二　滚动轴承 ……………………………………………………………………… (65)
课题三　滑动轴承 ……………………………………………………………………… (67)
课题四　联轴器与离合器 ……………………………………………………………… (68)
课题五　制动器 ………………………………………………………………………… (70)
模块九　连接 ……………………………………………………………………… (71)
课题一　键连接 ………………………………………………………………………… (71)
课题二　销连接 ………………………………………………………………………… (73)
课题三　螺纹连接 ……………………………………………………………………… (74)
模块十　液压与气压传动 ………………………………………………………… (76)
课题一　液压传动基本知识 …………………………………………………………… (76)
课题二　液压泵与液压缸 ……………………………………………………………… (79)
课题三　液压控制元件 ………………………………………………………………… (81)
课题四　液压基本回路 ………………………………………………………………… (83)
课题五　汽车典型液压系统分析 ……………………………………………………… (85)
课题六　气压传动基本知识 …………………………………………………………… (86)
课题七　气动基本回路 ………………………………………………………………… (88)
综合试卷一 ………………………………………………………………………… (89)
综合试卷二 ………………………………………………………………………… (94)
综合试卷三 ………………………………………………………………………… (99)
综合试卷四 ………………………………………………………………………… (104)
综合试卷五 ………………………………………………………………………… (108)

绪　论

一、填空题

1．机器是由许多________组合而成的。各个构件之间具有确定的________。机器能________，完成有用的________________。汽车发动机将________转换为________，发电机将________转换为________。

2．机构是具有________构件的一种实体组合。构件是指相互之间能做相对运动的物体，它是机器的________单元。零件是指组成构件中，相互之间没有相对运动的物体。它是机器的________单元。

3．运动副是________________________，它可分为________副和________副。

4．机器由________、________、________和________四部分组成。

5．机械是________和________的统称。

二、选择题

1．下列属于机器的是（　　）。

A．汽车　　B．飞机　　C．电动车　　D．离合器

2．下列属于机构的是（　　）。

A．电动车　　B．自行车　　C．举升机　　D．活扳手

3．下列属于构件的是（　　）。

A．单缸内燃机　　B．连杆盖　　C．连杆组　　D．曲轴

4．下列属于零件的是（　　）。

A．连杆组　　B．连杆盖　　C．活塞环　　D．连杆螺栓

5．下列接触中（　　）是低副，（　　）是高副。

A．齿轮副　　B．活塞与缸体

C．火车车轮与铁轨　　D．螺栓和螺母

三、判断题

1．自行车属于机器。（　　）

2．汽车、飞机、轮船是机器。（　　）

3．发动机属于机器。（　　）

4．机器是由机构组成的。（　　）

5．机构是指相互之间具有确定相对运动的构件的组合。（　　）

6．构件是由一个或两个以上的零件组成的。（　　）

7．齿轮副由高副组成。　　　　　　　　　　　　　　　　　　　　　　　　（　　）

8．螺旋传动机构中的螺杆和螺母之间是线接触，所以组成高副机构。　　（　　）

四、简答题

1．机器是由哪几部分组成的？

2．汽车是由哪几大部分组成的？

模块一　链传动与带传动

课题一　链　传　动

一、填空题

1. 链传动是由____________________组成的传递____________________的装置。

2. 链传动的类型很多，按其用途不同，链可以分为____________、____________、____________三大类。

3. 套筒滚子链由____________、____________、____________、____________、____________五个部分组成。

4. 链传动的传动比就是________与________的转速之比，也等于其齿数的________。

5. 链轮的材料应满足________和________的要求。通常根据尺寸大小和工作条件选择________、________、________等。

二、判断题

1. 链传动能保证准确的平均传动比，传动功率较小。（　）

2. 链传动的传动比 $i_{12}=n_1/n_2=z_1/z_2$。（　）

3. 链传动能在高温、低速、重载条件下和尘土飞扬的不良环境中工作。（　）

4. 齿形链与滚子链相比，具有工作平稳、噪声小、耐冲击、允许较高的链速等优点。（　）

5. 为保证链传动的正常使用，提高链传动的质量，延长其使用寿命，链传动需进行适当的张紧和润滑。（　）

6. 链传动的张紧轮应置于松边内侧靠近小链轮处。（　）

7. 因链轮具有多边形特点，链传动的运动表现为不均匀性。（　）

三、简答题

1. 链传动的常见类型有哪两种？

2．链传动的应用特点有哪些？

3．链传动张紧的目的是什么？有哪些张紧方式？

4．链传动为何要润滑？润滑方式有哪些？

四、计算题

1．有一链传动，已知主动链轮转速 $n_1 = 200$ r/min，主动链轮齿数 $z_1 = 40$，从动链轮齿数 $z_2 = 80$，求从动链轮转速 n_2。

2. 有一链传动，已知从动链轮转速 $n_2=300\ \text{r/min}$，主动链轮齿数 $z_1=20$，从动链轮齿数 $z_2=60$，求主动链轮转速 n_1。

课题二 带 传 动

一、填空题

1. 普通V带为____________带，由____________、____________、____________和____________四部分组成。

2. V带结构有____________结构、____________结构和________________结构。

3. V带按其截面尺寸大小共分为____________、____________、____________、____________、____________、____________、____________七种型号，其中____________型传递载荷最大，__________型传递载荷最小。

4. 带传动的张紧装置通常采用________和________两种。

二、选择题

1. V带合适的工作速度 v 应满足（　　）。

A. $v\leqslant 10$ m/s　　B. $v\geqslant 20$ m/s　　C. 5 m/s $\leqslant v\leqslant$ 25 m/s

2. V带截面夹角是（　　）。

A. 38°　　B. 36°　　C. 34°　　D. 40°

3. 一组V带中，有一根不能使用了，这时应（　　）。

A. 全组更换　　B. 只更换一根　　C. 更换其中几根

4. V带的基准长度为（　　）。

A. 内圈长度　　B. 中性层长度　　C. 外圈长度

5. V带的传动性能主要取决于（　　）。

A. 包布层　　B. 强力层　　C. 压缩层　　D. 伸张层

三、判断题

1. 一般在相同条件下，V带传递动力的能力比平带大，约可增大三倍。（　　）

2. V带传动装置必须安装安全防护罩。（　　）

3. 包角越大，带与带轮的接触弧越长，能传递的功率就越大。（　　）

4. V带截面形状是梯形，两侧面是工作面，其夹角 θ 等于40°。（　　）

5．V 带轮轮槽夹角 θ 应略小于 40°。（　　）

6．V 带张紧轮应安装在带的松边外侧靠近小带轮处。（　　）

7．顶置凸轮轴的正时带传动的张紧轮应安装在带的松边内侧。（　　）

8．为了使带传动可靠，一般要求小带轮上的包角 α_1 不得小于 120°。（　　）

9．安装 V 带时，应保证带轮轮槽的两侧面及底面与带接触。（　　）

10．普通 V 带的传动比一般都大于 7。（　　）

11．V 带轮的材料主要采用铸铁，转速较高时采用铸钢。（　　）

12．V 带的七种型号中 Y 型传递载荷最大，E 型传递载荷最小。（　　）

13．V 带传动属于摩擦传动。（　　）

14．在 V 带传动中，带速 v 过大或过小都不利于带的传动。（　　）

15．绳芯结构 V 带的柔韧性好，适用于转速较高的场合。（　　）

16．安装 V 带时，张紧程度越紧越好。（　　）

四、简答题

1．V 带传动的使用和调整要注意哪些事项？

2．使用张紧轮张紧时，平带和 V 带的张紧轮位置有何区别？为什么？

3．V 带传动有何优点？

4．V 带传动有何缺点？

五、计算题

某级普通 V 带传动，已知主动轮基准直径 $d_{d1}=140$ mm，$n_1=1\ 440$ r/min，从动轮转速 $n_2=720$ r/min，中心距 $a_0=800$ mm。试计算传动比，验算包角并计算 V 带的基准长度。

模块二 齿 轮 传 动

课题一 齿轮传动的类型和特点

一、填空题

1．渐开线上各点的压力角＿＿＿＿＿＿，越远离基圆压力角＿＿＿＿＿＿，基圆上的压力角等于＿＿＿＿＿＿。

2．齿轮传动按啮合方式分为＿＿＿＿＿＿传动、＿＿＿＿＿＿传动和＿＿＿＿＿＿传动。

3．齿轮传动按齿廓曲线不同可分为＿＿＿＿＿＿齿轮传动、＿＿＿＿＿＿齿轮传动、＿＿＿＿＿＿齿轮传动等。

4．齿轮传动＿＿＿＿＿＿性好，传递＿＿＿＿准确可靠；传递＿＿＿＿和＿＿＿＿范围大；传动＿＿＿＿高；结构＿＿＿＿＿＿，使用寿命＿＿＿＿，所以齿轮传动也是汽车中应用较广的一种传动形式。

二、选择题

1．渐开线上各点的曲率半径（　　）。

A．相等　　B．不相等　　C．相等或不相等均可

2．渐开线上任意一点的法线必（　　）基圆。

A．交于　　B．垂直于　　C．切于

3．齿轮的渐开线形状取决于它的（　　）直径。

A．齿顶圆　　B．分度圆　　C．基圆

4．齿轮传动的特点有（　　）。

A．传递的功率和速度范围大　　B．使用寿命长，但传动效率低

C．能实现无级变速

三、判断题

1．离基圆越远，渐开线越趋平直。（　　）

2．基圆越大，渐开线越弯曲。（　　）

3．渐开线上任意一点的法线不可能都与基圆相切。（　　）

4．渐开线齿轮传动中心距稍有变化，其传动比不变，对正常传动没有影响。（　　）

5．齿轮传动与带传动相比，更适宜中心距较远的场合。（　　）

6．齿轮传动能保持瞬时传动比恒定。（　　）

四、简答题

1. 什么是齿轮传动？齿轮传动的工作原理是什么？

2. 什么是渐开线？渐开线有哪些性质？

课题二　直齿圆柱齿轮

一、填空题

1. 对齿轮传动的基本要求是____________和____________。

2. 直齿圆柱齿轮的五个参数是_________、_________、_________、_________、____________。

3. 模数是齿轮的________参数，是齿轮各部分几何尺寸计算的________，齿形的大小和强度与它成________。

4. 齿数是计算齿轮各圆尺寸的________，各个圆的直径与齿数成________。

5. 标准直齿圆柱齿轮的连续传动条件是____________________。

6. 直齿圆柱齿轮正确啮合的条件是_____________和_____________。

7. 已知一标准直齿圆柱齿轮，齿数 $z = 50$，全齿高 $h = 22.5$ mm，则模数 $m =$ ____________，齿顶圆直径 $d_a =$ ______________。

8. 在标准中心距的条件下节圆和分度圆_____________，啮合角和压力角_____________；在非标准中心距的条件下节圆和分度圆_____________，啮合角和压力角_____________。

二、选择题

1. 一对渐开线齿轮传动（　　）。

A. 保持传动比恒定不变

B. 在非标准中心距条件下，节圆与分度圆重合

C. 在标准中心距条件下，啮合角与压力角不相等

2. 下列说法正确的是（　　）。

A. $m=p/\pi$ 是一个无理数　　B. $m=p/\pi$ 是一个有理数

C. m 与齿轮的承载能力无关

3. 国家标准规定渐开线圆柱齿轮分度圆上的压力角 $\alpha=$（　　）。

A. 20°　　B. 30°　　C. 40°

4. 对于齿数相同的齿轮，模数（　　），齿轮的几何尺寸及齿形都越大，齿轮的承载能力（　　）。

A. 越大　　B. 越小　　C. 较大　　D. 降低

5. 能保持瞬时传动比恒定的传动是（　　）。

A. 带传动　　B. 链传动　　C. 齿轮传动

6. 下列有关渐开线圆柱齿轮的表述正确的是（　　）。

A. 渐开线齿轮轮齿的形状取决于齿顶圆大小

B. 因为齿轮传动具有可分离性，所以无论中心距如何变化，对齿轮传动都没有影响

C. 标准直齿圆柱齿轮分度圆上的齿厚与齿槽宽相等

7. 关于齿轮的模数，以下说法正确的是（　　）。

A. 模数是齿轮几何尺寸计算中最基本的一个参数

B. 模数大小对齿轮的承载能力无影响

C. 模数一定时，齿轮的几何尺寸与齿数无关

8. 一对标准直齿轮，中心距 a 比标准值略小，则无变化的是（　　）。

A. 齿侧间隙　　B. 节圆直径　　C. 压力角　　D. 传动比

9. 齿轮传动中，以下说法正确的是（　　）。

A. 齿厚是轮齿两侧渐开线在齿顶圆上的弧长

B. 齿槽宽是相邻齿渐开线在分度圆上的弧长

C. 齿顶高是齿顶到齿根的高度

D. 齿根高是齿顶圆与齿根圆之间的径向距离

三、判断题

1. 在设计齿轮时，模数可以取标准系列值，也可以随意定一个模数。（　　）
2. 根据齿轮传动的可分离性，一对标准齿轮的安装中心距可以比理论中心距小。（　　）
3. 模数 m 表示齿形的大小，它是没有单位的。（　　）
4. 模数 m 越大，齿轮的承载能力越大。（　　）
5. 标准直齿圆柱齿轮的连续传动条件是 $\varepsilon\geqslant1$。（　　）
6. 分度圆上压力角的变化对齿廓的形状无影响。（　　）
7. 分度圆上压力角小于标准值时，齿形根部变厚，齿顶变尖，承载能力强。（　　）

8. 齿轮传动不能保证准确的传动比。 (　　)

9. 直齿圆柱齿轮分度圆直径的计算公式是 $d = mz$。 (　　)

10. 直齿圆柱齿轮的齿顶高是指齿顶圆与分度圆之间的径向距离，其计算公式为 $h = 1.2m$。 (　　)

11. 两齿轮啮合时，中心距加大，重合度会降低。 (　　)

12. 齿轮的齿距是指两个相邻的端面齿廓之间的弧长。 (　　)

四、简答题

1. 什么是模数？其符号是什么？有无单位？

2. 简述直齿圆柱齿轮传动正确啮合的条件。

五、计算题

1. 一对啮合的标准直齿圆柱齿轮（压力角 $\alpha = 20°$，齿顶高系数 $h_a^* = 1$，顶隙系数 $c^* = 0.25$），齿数 $z_1 = 20$、$z_2 = 40$，模数 $m = 10$ mm，试计算各齿轮分度圆直径 d、齿顶圆直径 d_a、齿根圆直径 d_f、齿厚 s、基圆直径 d_b 和两齿轮的中心距 a。

2. 已知两齿轮齿数 $z_1 = 20$、$z_2 = 50$，两齿轮之间的中心距 $a = 210$ mm，求两齿轮分度圆直径 d_1、d_2。

3．有一对标准直齿圆柱齿轮，$m=2$ mm，$\alpha=20°$，$z_1=25$，$z_2=50$，求：(1) 如果$n_1=960$ r/mim，n_2是多少？(2) 中心距 a 是多少？(3) 齿距 p 是多少？

课题三　其他齿轮传动

一、填空题

1．斜齿圆柱齿轮的模数、压力角有________和________两种，其中________符合标准值。

2．标准斜齿圆柱齿轮正确啮合的条件是________、________、________。

3．直齿锥齿轮的________模数和压力角符合标准值，其正确啮合条件是________、________。

4．斜齿圆柱齿轮轮齿的螺旋方向分为________和________。

5．直齿锥齿轮用于________轴齿轮传动，两轴的交角通常为________。

6．齿条上各点速度大小和方向都是________；齿廓上各点的压力角________，如果是标准齿条，压力角 $\alpha=$________，齿条上各齿同侧齿廓线是________且齿距________。

二、选择题

1．关于斜齿轮传动的说法正确的是（　　）。

A．不适用于大功率传动　　B．不产生轴向力

C．不能当作变速滑移齿轮　　D．不适用于高速传动

2．关于斜齿轮的说法正确的是（　　）。

A．螺旋角 β 常取 $8°\sim15°$，以使轴向力不过大

B．啮合时，两轮轮齿的螺旋方向是一致的

C．端面上的外形与直齿轮的外形不完全一样

D．端面参数是标准参数

3．对于齿条，关于不同齿高上的齿距和压力角的说法中正确的是（　　）。

A．齿距相同，压力角不同　　B．齿距不同，压力角相同

C．齿距相同，压力角相同　　D．齿距不同，压力角不同

4．直齿锥齿轮标准模数是指（　　）。

A．法向模数　　B．大端端面模数

C．小端端面模数

三、判断题

1. 螺旋角β越大，斜齿轮传动越平稳。 ( )
2. 斜齿轮具有两种模数，其中以端面模数作为标准模数。 ( )
3. 齿条传动只能由齿轮的转动变为齿条的移动。 ( )
4. 锥齿轮轮齿的形状较多，有直齿锥齿轮、斜齿锥齿轮和曲线齿锥齿轮。 ( )
5. 直齿锥齿轮用于相交轴齿轮传动，两轴的交角通常为90°。 ( )

四、简答题

试比较斜齿轮与直齿轮的优缺点。

课题四　齿轮轮齿的失效形式与材料选择

一、填空题

1. 齿轮轮齿的失效形式有＿＿＿＿＿＿、＿＿＿＿＿＿、＿＿＿＿＿＿、＿＿＿＿＿＿、＿＿＿＿＿＿五种。
2. 轮齿折断常见的形式主要是＿＿＿＿＿折断和＿＿＿＿＿折断。

二、选择题

1. 高速重载或润滑不良的低速重载传动中常出现的失效形式有（ ）。

   A. 轮齿折断　B. 齿面胶合　C. 塑性变形　D. 齿面磨损

2. 制造齿轮常用的材料有（ ）。

   A. 铸铁　B. 铝合金　C. 锻钢　D. 铸钢

三、判断题

1. 齿面点蚀是开式齿轮传动的主要失效形式。 ( )
2. 齿轮失去了正常的工作能力叫作失效。 ( )
3. 适当提高齿面硬度，可以有效地防止或减缓齿面点蚀、齿面磨损、齿面胶合和轮齿折断等失效。 ( )

四、简答题

防止轮齿折断的措施有哪些？

课题五 蜗杆传动

一、填空题

1. 普通蜗杆传动的正确啮合条件是__________________、__________________、____________________________。

2. 一蜗杆传动，已知蜗杆头数 $z_1=2$，转速 $n_1=1\ 450$ r/min，蜗轮齿数 $z_2=60$，则蜗轮转速 $n_2=$________。

3. 蜗杆传动用于传递____________轴之间的回转运动和动力，通常两轴交错角为________。

4. 根据蜗杆形状的不同，蜗杆传动可分为____________蜗杆传动、____________蜗杆传动、____________蜗杆传动等。

5. 蜗杆、蜗轮的螺旋方向可用________________判定。

二、选择题

1. 蜗杆直径系数 q 的值越小，则（　　）。

A. 传动效率高且刚度较高　　B. 传动效率低且刚度较低

C. 传动效率低但刚度较高　　D. 传动效率高但刚度较低

2. 传动比大且准确的传动有（　　）。

A. 带传动　　B. 链传动　　C. 齿轮传动　　D. 蜗杆传动

3. 蜗杆传动的主动件为（　　）。

A. 蜗杆　　B. 蜗轮　　C. 齿轮　　D. 齿条

三、判断题

1. 蜗杆传动的承载能力大，效率高。（　　）

2. 蜗杆传动的传动比与齿轮传动的传动比的计算公式一样，即 $i_{12}=z_2/z_1=d_2/d_1$。（　　）

3. 蜗杆与蜗轮的轴线在空间互相垂直交错成90°。（　　）

4. 通常在蜗杆传动中蜗轮是主动件。（　　）

5．蜗杆的头数越多，蜗杆传动效率越低。（　　）

四、简答题

1．蜗杆传动有什么特点？在汽车上常用在什么地方？

2．判断下图所示蜗杆和蜗轮的旋向、转向。

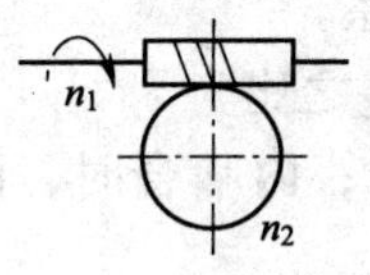

a）判断蜗轮转向

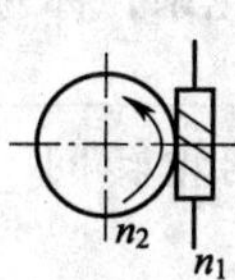

b）判断蜗杆转向

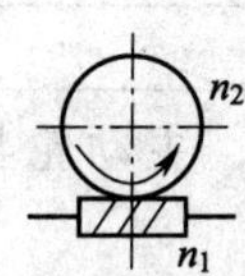

c）判断蜗杆旋向

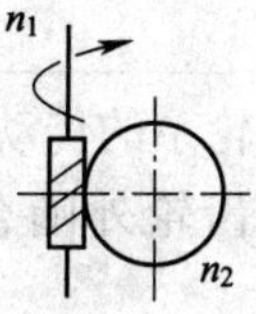

d）判断蜗轮转向

模块三　轮　　系

课题一　定 轴 轮 系

一、填空题

1. 由一系列____________________________________组成的传动系统称为轮系。

2. 在轮系中，____________________________________的轮系，称为定轴轮系；____________________________________的轮系，称为周转轮系。

3. 定轴轮系的传动比是指____________________________之比。

4. 一对齿轮外啮合传动时，主动轮与从动轮转向__________；内啮合时，两轮转向__________。

5. 在轮系中加入惰轮，只会改变从动轮的______________而不会改变传动比的______________。

二、选择题

1. 定轴轮系传动比 $i_{ik}=\dfrac{n_1}{n_k}=(-1)^m\times\dfrac{\text{所有从动轮齿数乘积}}{\text{所有主动轮齿数乘积}}$，式中，用 $(-1)^m$ 判断转向，只限于（　　）。

   A. 含有锥齿轮的轮系

   B. 含有蜗轮蜗杆的轮系

   C. 仅由圆柱齿轮组成的定轴轮系

2. 定轴轮系加惰轮的作用是（　　）。

   A. 增大传动比　　B. 减小传动比　　C. 改变从动轮转向

三、判断题

1. 轮系的传动比是指轮系中首、末两齿轮的齿数比。（　　）
2. 轮系可合成运动，但不可分解运动。（　　）
3. 轮系中的某一个中间齿轮，可以既是前级的从动轮，又是后级的主动轮。（　　）
4. 惰轮对轮系传动比的大小有影响。（　　）
5. 轮系的作用仅在能实现变速和变向。（　　）

四、简答题

1．轮系主要有哪些应用特点？

2．轮系传动比的正、负号的含义是什么？

五、计算题

1．在下图所示的定轴轮系中，轴Ⅰ为主动轴，轴 Ⅲ 为输出轴。已知 $z_1=24$，$z_2=70$，$z_3=20$，$z_4=48$，$n_1=1\ 400$ r/min，求 n_3为多少？

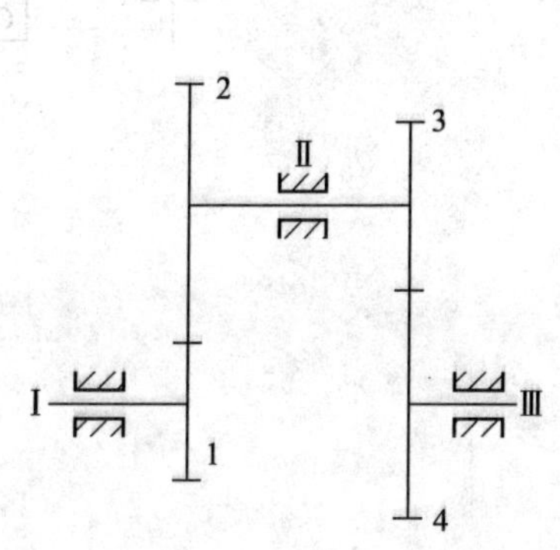

2. 在下图所示轮系中，已知各齿轮齿数分别为 $z_1=24$，$z_2=28$，$z_3=20$，$z_4=60$，$z_5=20$，$z_6=20$，$z_7=28$，求传动比 i_{17}。若齿轮 1 的转向已知（见图中 n_1），试判定齿轮 7 的转向。

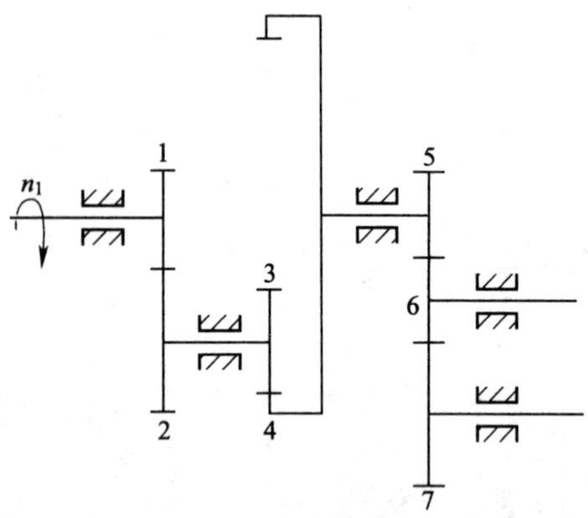

3. 在下图所示轮系中，已知 $z_1=16$，$z_2=32$，$z_3=20$，$z_4=40$，$z_5=4$，$z_6=40$，若 $n_1=800$ r/min，求蜗轮的转速 n_6 及各轮的转向。

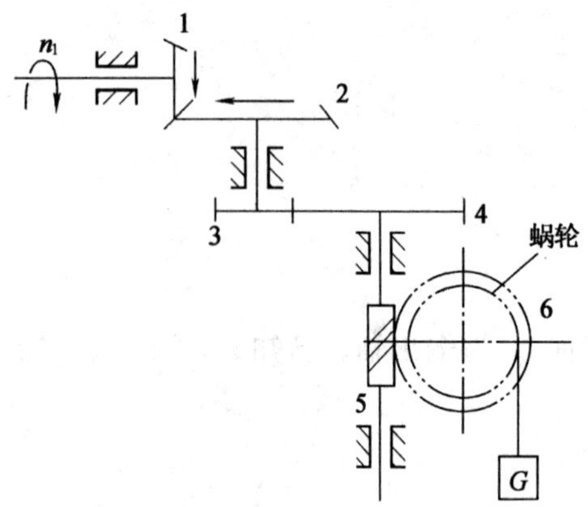

课题二　周 转 轮 系

一、填空题

1．周转轮系分为________轮系和________轮系两大类。

2．行星轮做行星运动，既绕________回转（自转），又绕________回转轴线回转（公转）。

3．单排行星齿轮机构由一个________、一个________、一个________和几个行星齿轮组成。

4．自动变速器可以提供________挡、________挡、________挡、________挡和空挡，这些功能都是由__________________完成的。

5．汽车手动变速器用的是________轮系，驱动桥中的差速器是________轮系。

二、简答题

如何区别行星轮系和差动轮系？

三、计算题

1．汽车采用的行星齿轮机构如下图所示，设太阳轮 1 的齿数$z_1=105$，齿圈 3 的齿数$z_3=135$，当太阳轮被固定，齿圈 3 为主动件，行星架 H 为从动件时，求机构的传动比。

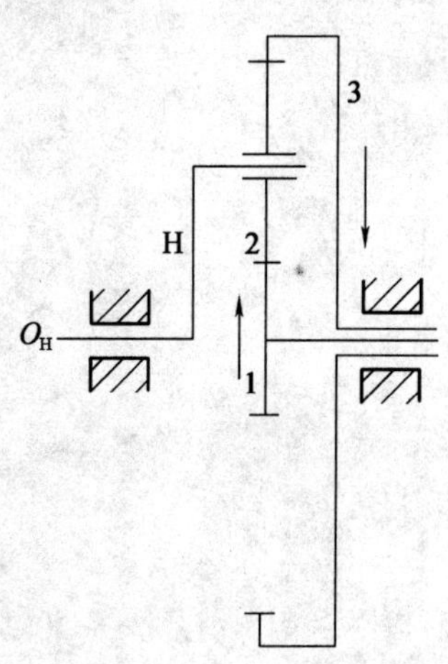

2. 某发动机行星减速器如下图所示，齿圈3与曲轴连接，行星架H与螺旋桨连接。已知$z_1=20$，$z_2=15$，$z_3=50$，齿圈3固定不动。求轮系传动比i_{1H}的大小，并确定$n_1=1\ 400$ r/min时螺旋桨的转速n_H。

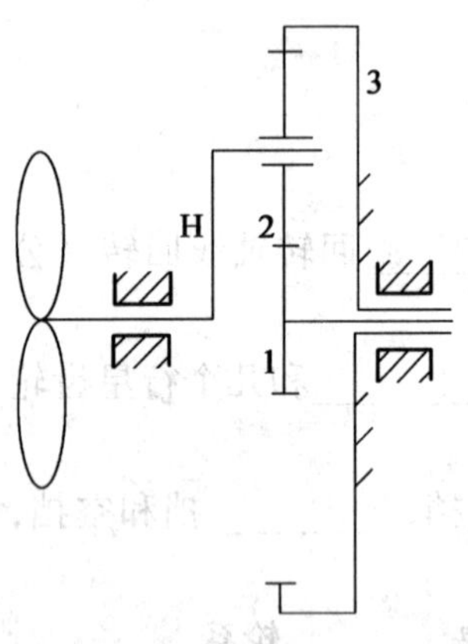

模块四　平面连杆机构

课题一　铰链四杆机构

一、填空题

1. 平面连杆机构是由一些刚性构件用__________副或__________副相互连接而组成的在同一平面或相互平行平面内运动的机构。

2. 实际的各种形式的四杆机构都可看成是由改变某些构件的__________、__________或者选择不同构件作为__________等方法所得到的铰链四杆机构的演化形式。

3. 曲柄摇杆机构中，若摇杆为主动件，当摇杆处于两__________位置时，__________和__________共线，__________不会转动，常称机构的这种位置为“死点”位置。

4. 某一铰链四杆机构，摇杆工作行程的平均速度与非工作行程的平均速度相等，则其行程速比系数 $K=$__________，机构的极位夹角 $\theta=$__________，该机构__________急回特性。

5. 当平面四杆机构中的运动副都是__________副时，称之为铰链四杆机构。

6. 组成曲柄摇杆机构的条件：最短杆与最长杆的长度之和________或________其他两杆的长度之和；最短杆的相邻构件为________机构，则最短杆为________。

7. 在实际生产中，常常利用急回运动这个特性来缩短________时间，从而提高________。

8. 曲柄摇杆机构中，压力角 α 的余角 γ 称为__________角。其中 α 越小，γ 越大，对机构传动越__________，为保证机构传动良好，设计时通常要使 $\gamma_{min}\geqslant$__________，传动力矩较大时，则要使 $\gamma_{min}\geqslant$__________。

二、选择题

1. 消除机构“死点”不正确的方法是（　　）。

　A. 利用飞轮装置　　B. 利用杆件自身质量

　C. 采用多组机构错列　　D. 改换机构的主动件

2. 四杆机构中（　　）。

　A. 与机架连接的杆称为连架杆　　B. 做整周运动的连杆称为曲柄

　C. 与两连架杆连接的杆称为摇杆　　D. 摇杆只能平移时称为平面四杆机构

3. 公共汽车的车门启闭机构属于（　　）。

A. 曲柄摇杆机构　　B. 双摇杆机构

C. 平行双摇杆机构　　D. 反向双曲柄机构

4. 飞机起落架可采用（　　）。

A. 曲柄摇杆机构　　B. 双摇杆机构

C. 双曲柄机构

5. 铰链四杆机构中，存在急回运动和“死点”的机构有（　　）。

A. 曲柄摇杆机构　　B. 双摇杆机构

C. 双曲柄机构

三、判断题

1. 常把曲柄摇杆机构的曲柄和连杆叫作连架杆。（　　）

2. 把铰链四杆机构的最短杆作为固定机架，就可以得到双曲柄机构。（　　）

3. 曲柄摇杆机构的急回运动特性用急回特性系数 K 来表征，K 越小，则急回作用就越明显。（　　）

4. 利用改变构件之间相对长度的方法，可以把曲柄摇杆机构改变成双摇杆机构。（　　）

5. 各种双曲柄机构全都有“死点”位置。（　　）

6. 铰链四杆机构的改变，只能通过选择不同构件作为机构的固定件来实现。（　　）

四、简答题

1. 什么样的机构是平面连杆机构？

2. 铰链四杆机构有哪些基本形式？它是根据什么条件来分类的？

3．在曲柄摇杆机构中，摇杆为什么会产生急回运动？

五、计算题

1．有一个四杆机构，其各杆长为 $a = 350$ mm、$b = 550$ mm、$c = 200$ mm、$d = 700$ mm，试问：（1）当取 d 杆为机架时，机构有几个曲柄？（2）当取哪个杆为机架时该机构为双摇杆机构？

2．某四杆机构各杆的尺寸分别为 $\overline{AB} = 450$ mm、$\overline{BC} = 400$ mm、$\overline{CD} = 300$ mm、$\overline{AD} = 200$ mm。试问以哪个杆作为机架可得到曲柄摇杆机构？如果以 BC 杆作为机架，则会得到什么机构？如果以 AD 杆作为机架，则会得到什么机构？

课题二　铰链四杆机构的演化

一、填空题

1. 铰链四杆机构是平面四杆机构的____________，当铰链四杆机构____________做某种特殊变化或者取不同的____________为机架时，可以演化成其他的形式。

2. 活塞式内燃机广泛采用的是____________机构。

3. 铰链四杆机构可以演化为____________机构、____________机构、____________机构等。

4. 导杆机构可看成是改变曲柄滑块机构中的____________而演化来的，改变曲柄滑块机构中的____________，可以演化出____________导杆机构、____________导杆机构。

二、选择题

1. 内燃机的活塞、曲轴等组成的机构属于（　　）。

A. 曲柄滑块机构　B. 曲柄导杆机构　C. 曲柄摇块机构

2.（　　）用于受力较大且滑块行程较小的剪床等机械设备中。

A. 偏心轮机构　B. 导杆机构　C. 曲柄摇块机构

三、判断题

1. 导杆机构中导杆的往复运动有急回特性。（　　）

2. 偏心轮机构可以克服“死点”位置。（　　）

3. 通过选择铰链四杆机构的不同构件作为机构的固定机架，能使机构的形式发生演变。（　　）

四、简答题

1. 在导杆机构中，如何演化为转动导杆机构和摆动导杆机构？

2. 汽车发动机中的曲柄滑块机构是以什么为主动件的？是否存在卡死现象？

模块五 凸轮机构

课题一 凸轮机构的应用和类型

一、填空题

1. 凸轮机构就是利用凸轮____________或____________轮廓与推杆接触而得到预定____________的一种机构。

2. 凸轮机构按凸轮的形状可分为___________________________、________________、________________等；按从动件末端形状可分为__________________________________、________________________、____________________三种。

3. 凸轮机构主要由________、______________、_____________三个部分组成。

4. 在选择凸轮材料时，主要考虑凸轮机构所承受的____________和____________等问题。

二、选择题

1. 有关凸轮机构的论述，正确的是（　　）。

   A. 可以任意拟定主动件的运动规律

   B. 可以用于对从动件的运动规律要求严格的场合

   C. 是高副机构，可以传递很大的动力，但不可以高速启动

2. （　　）从动件的行程不能太大。

   A. 盘形凸轮机构　B. 移动凸轮机构　C. 圆柱凸轮机构

3. （　　）可使从动杆得到较大的行程。

   A. 盘形凸轮机构　B. 移动凸轮机构　C. 圆柱凸轮机构

4. （　　）对于较复杂的凸轮轮廓曲线，也能准确地获得所需要的运动规律。

   A. 尖顶式从动件　　B. 滚子式从动件

   C. 平底式从动件　　D. 曲面式从动件

5. （　）的摩擦阻力较小，传力能力大。

   A. 尖顶式从动件　　B. 滚子式从动件

   C. 平底式从动件

6. 压力角增大时，对凸轮机构的工作（　　）。

   A. 不利　B. 有利　C. 无影响

三、简答题

1. 凸轮机构主要由哪些部分组成?

2. 凸轮机构从动件的形式有哪些?

3. 凸轮机构有哪些应用特点?

课题二　凸轮机构从动件的运动规律

一、填空题

1. 凸轮轮廓上的____________称为基圆半径，以凸轮的____________所做的圆称为凸轮的基圆。

2. 凸轮机构从动件的运动规律常见的有________________________和____________________________等。

3. 对于移动从动杆凸轮机构，升程中，[α] ______________；回程中，[α] ≤ ______________。

4. 凸轮机构能否按预期的运动规律正常工作，主要取决于________________。

5. 等速运动规律是指________________上升或下降的速度为________________的运动规律。

6. 凸轮机构的参数主要有____________、____________、____________等。

二、判断题

1. 一个凸轮只有一种预定的运动规律。 (　　)
2. 凸轮机构的从动杆都在垂直于凸轮轴的平面内运动。 (　　)
3. 盘形凸轮的行程是与基圆半径成正比的，基圆半径越大，行程也越大。 (　　)
4. 凸轮的压力角是凸轮轮廓曲线上某点的法线方向与速度方向之间的夹角。 (　　)
5. 凸轮轮廓曲线上各点的压力角是不变的。 (　　)
6. 适用于尖顶式从动杆工作的凸轮轮廓曲线也适用于平底式从动杆工作。 (　　)
7. 凸轮机构能很好地完成从动件的间歇运动。 (　　)
8. 行程和转角都相等的等速位移曲线凸轮机构与等加速等减速位移曲线凸轮机构虽然都用尖顶式从动杆，其从动杆的运动规律是不同的。 (　　)

三、简答题

1. 等速运动从动件的位移曲线是什么形状？运动规律有何缺点？适用于什么场合？

2. 等加速等减速运动从动件的位移曲线是什么形状？运动规律有何缺点？适用于什么场合？

3. 叙述凸轮机构中基圆、行程、压力角的概念。

模块六　理论力学基础

课题一　静力学基础

一、填空题

1. 把所研究的物体从周围物体中隔离出来，此研究对象称为________，画出其上所有作用力的图，称为物体的________。

2. 同时作用在同一物体上的许多力称为________，当物体保持________状态或做________运动称物体处于____________状态。

3. 力是物体间相互的__________作用。力不能脱离__________而存在，即__________物体和__________物体同时存在。

4. 在外力作用下__________和__________都保持不变的物体称为__________。

二、选择题

1. 球 A 重 G，悬挂于绳端。球对绳的拉力为 T，绳对球的拉力为 T'。试指出属于二力平衡的二力是（　　），属于作用力与反作用力的二力是（　　）。

A. G、T　　B. G、T'　　C. T、T'

2. 物体受三个力 F_1、F_2、F_3的作用，如下图所示，其中力 F_1与力 F_2作用在同一直线上，则原来静止的物体受此力系作用后处于（　　）。

A. 平衡状态　　B. 不平衡状态　　C. 可能平衡状态

F_1　F_3　F_2

三、判断题

1. 一个物体在力系作用下处于平衡状态，这种力系称为平衡力系。（　　）

2. 二力等值、反向、共线，是刚体平衡的充分必要条件。（　　）

3. 作用力和反作用力大小相等，方向相反，所以它们能够平衡。（　　）

4. 柔体约束只能承受拉力，不能承受压力。（　　）

5. 力可以脱离物体而单独存在。 (　　)

6. 凡是处于平衡状态的物体，都是相对于地球静止的。 (　　)

7. 合力的作用效果等于各分力同时作用的效果，故合力一定比任何一个分力大。 (　　)

四、简答题

1. 什么是力的三要素？如何用图示法表示力？

2. 试比较二力平衡公理和作用与反作用公理的区别，并举例说明。

3. 什么是约束？工程上常见的约束有哪几种类型？它们的约束反力如何确定？

4. 什么是力的平行四边形法则（力的平行四边形公理）？

五、作图题

1. 试用图表示出 1 000 N 的力，与水平方向夹角为 45°。

2. 如下图所示的曲杆（杆自重不计），能否在其上 A、B 两点施力使曲杆处于平衡？

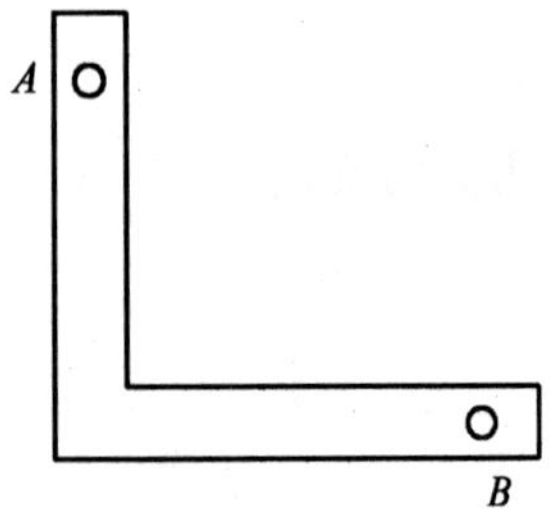

3. 检查下图所示各物体的受力图是否正确，如有错误请改正（杆重不计，接触处都是光滑的）。

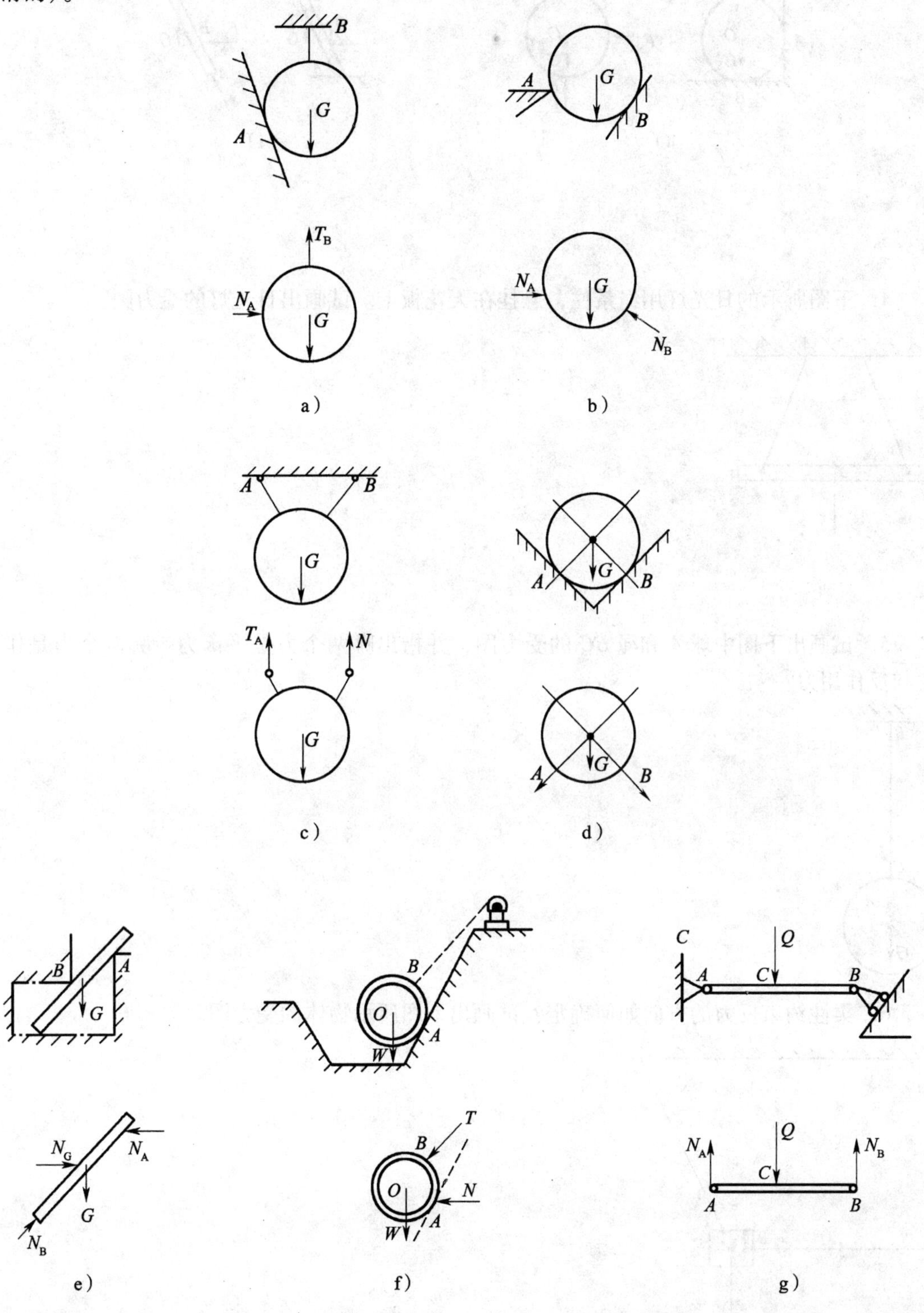

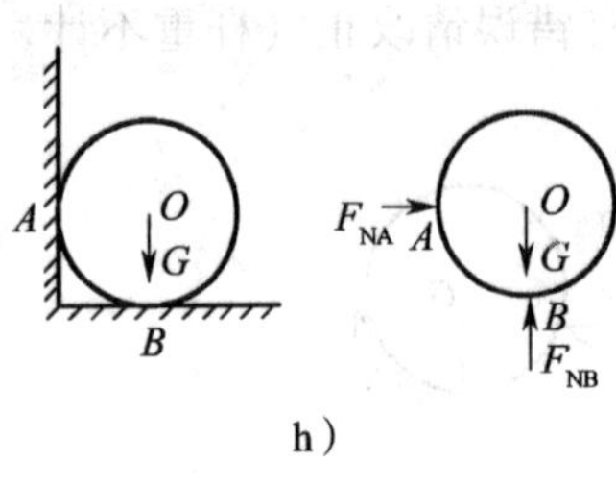

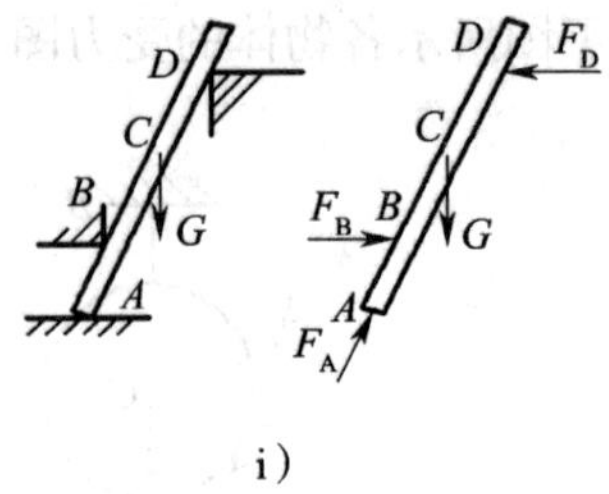

h） i）

4. 下图所示的日光灯用绳系住，悬挂在天花板上。试画出日光灯的受力图。

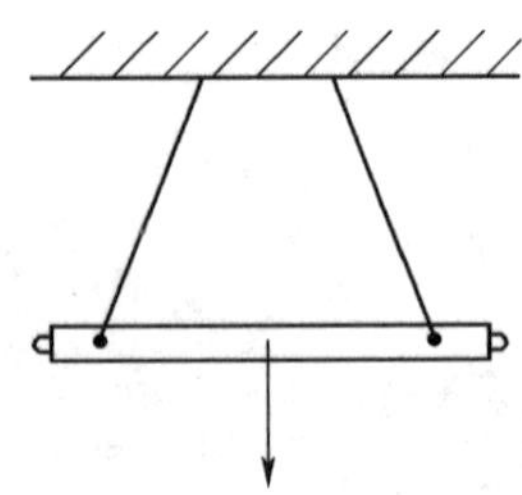

5. 试画出下图中球 A 和绳 BC 的受力图，并指出哪两个力是平衡力？哪两个力是作用力与反作用力？

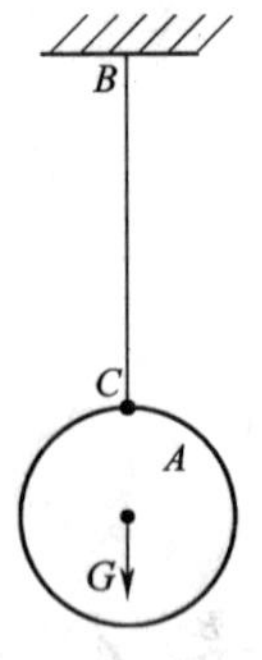

6. 柔性约束反力的方向如何确定？试画出下图所示物体的受力图。

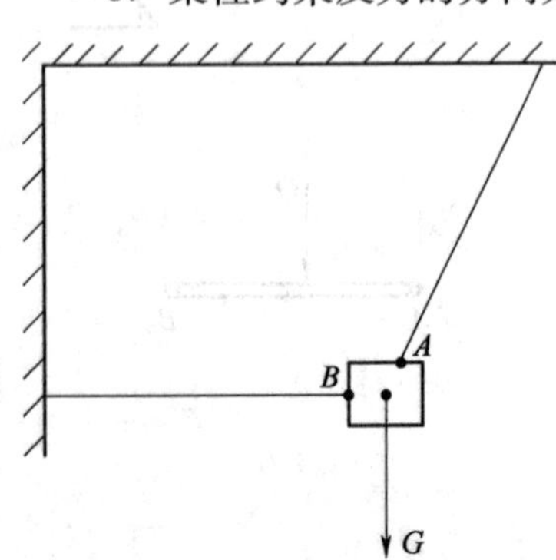

7. 如下图所示，一匀质杆 AB 支于光滑的地面及墙角间，并在 C 点处用绳系住。试画出杆 AB 的受力图。

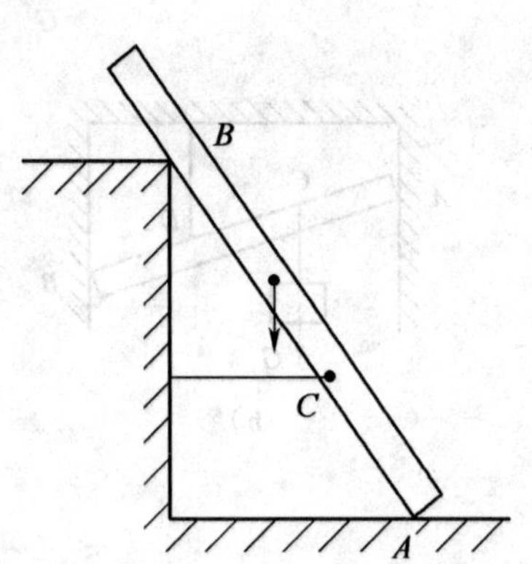

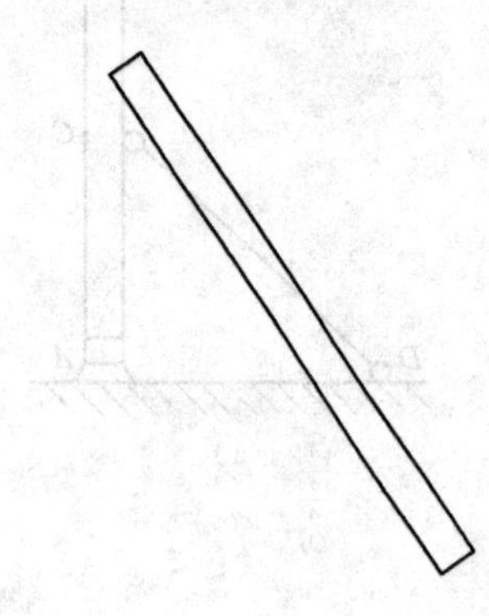

8. 如下图所示，画出 AB 杆的受力图。

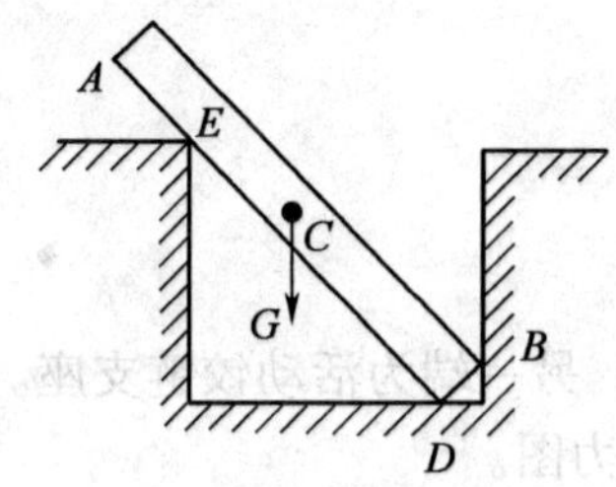

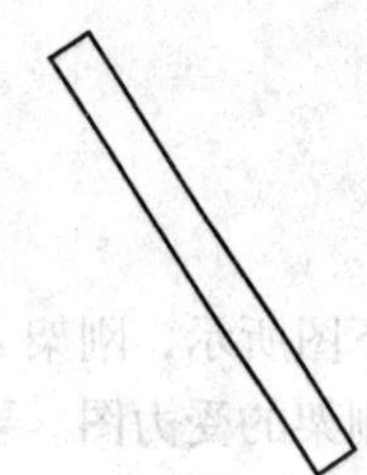

9. 画出下图中球的受力图。

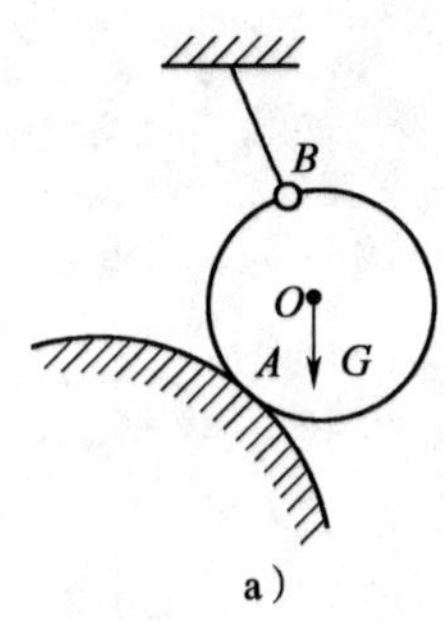

a）

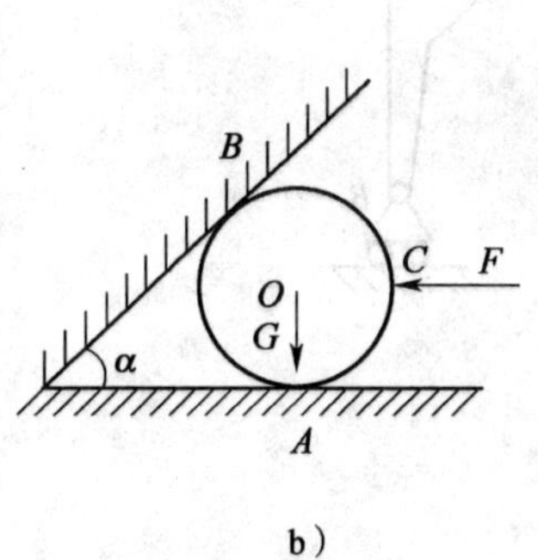

b）

10．若下图中杆 AB 的自重不计，各接触面均为光滑面，试画出 AB 杆的受力图。

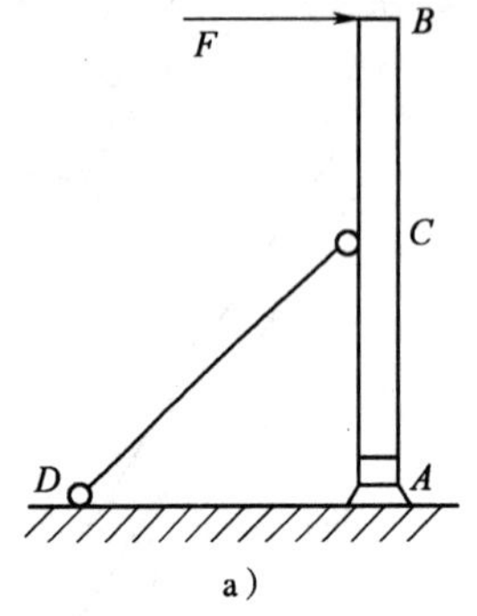

a）

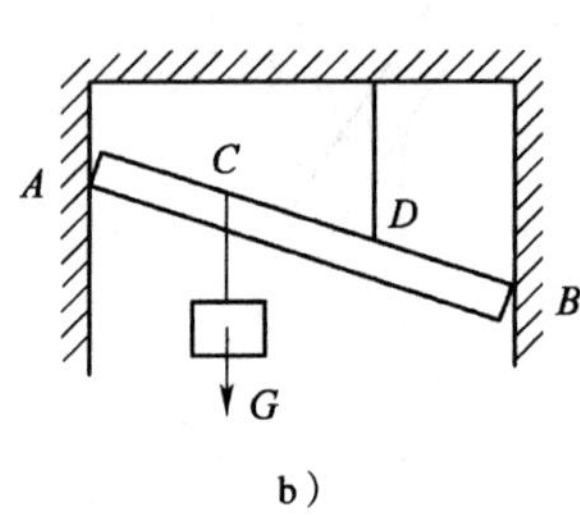

b）

11．如下图所示，刚架 AB 一端为固定铰链支座，另一端为活动铰链支座。刚架自重不计，试画出刚架的受力图。要求：画出两种形式的受力图。

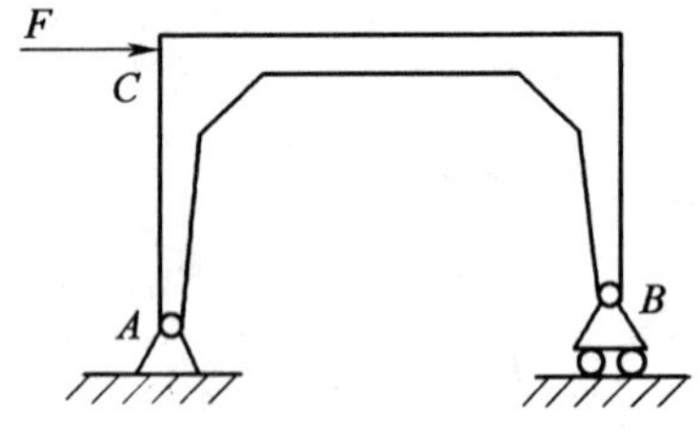

课题二　平面汇交力系及平衡

一、填空题

1．作用于物体上____________都在____________且____________的力系称为平面汇交力系。

2. 若作用于物体同一平面上的三个________构成平衡力系，则它们的________必汇交于一点，称为________定理。

3. 平面汇交力系平衡的几何条件：该力系的________自行________，即________等于零。

4. 按照作用在物体上的力系中的____________是否在________内，可将力系分为____力系和____力系。

二、选择题

1. 当力与坐标轴垂直时，力在该坐标轴上的投影（ ）；当力与坐标轴平行时，力在该坐标轴上的投影（ ）；当力与坐标轴倾斜时，力在该坐标轴上的投影（ ）。

A. 等于自身大小　　B. 小于自身大小

C. 大于自身大小　　D. 为零

2. 已知力 F 在坐标轴上的投影，$F_x > 0$，$F_y < 0$，则力 F 的指向是（ ）。

A. 指向右上　　B. 指向右下

C. 指向左上　　D. 指向左下

3. 已知力 F 在坐标轴上的投影，$F_x = 0$，$F_y > 0$，则力 F 的指向是（ ）。

A. 沿 x 轴水平向右　　B. 沿 x 轴水平向左

C. 沿 y 轴竖直向上　　D. 沿 y 轴竖直向下

三、判断题

1. 在同一平面内作用线汇交于一点的三个力必构成平衡力系。（ ）

2. 三力平衡力系作用于刚体，刚体仍维持原来的运动状态。（ ）

3. 两个力在同一轴上投影相等，此两力相等。（ ）

4. 某人双手抓单杠吊于空中，两臂张开成120°角，属于平面汇交力系。（ ）

5. 平面汇交力系平衡的解析条件为力系中各力在两个坐标轴每一轴上的投影代数和等于零。（ ）

四、简答题

1. 什么是力的多边形法则？

2．什么是平面汇交力系？它的平衡条件是什么？

3．什么是合力投影定理？如何利用这个定理求力系的合力大小？合力的方向如何确定？

五、作图、计算题

1．检查下图所示各物体的受力图是否正确，如有错误请改正（杆重不计，接触处都是光滑的）。

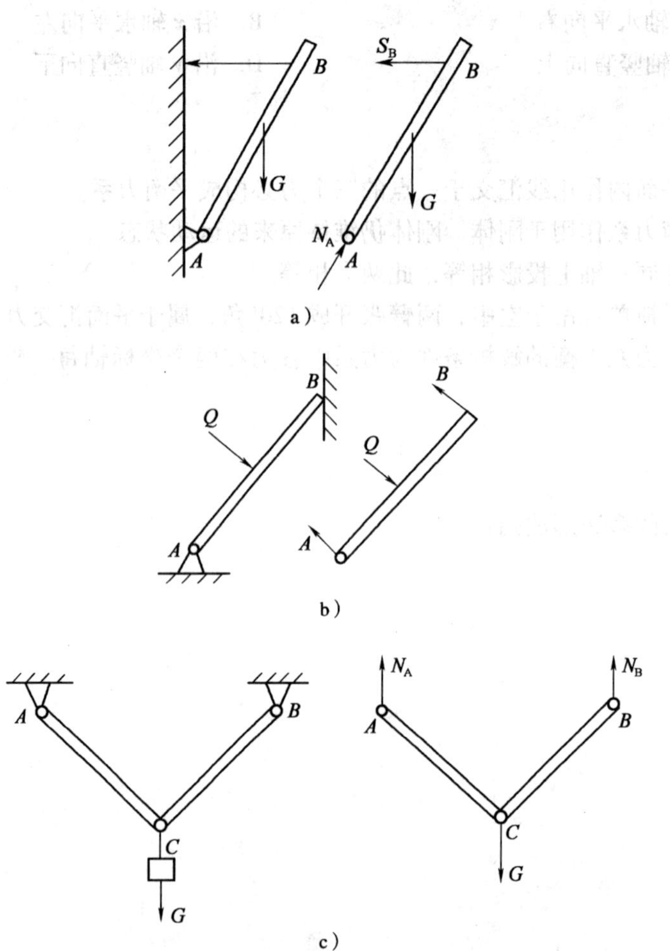

2. 试画出下图中杆 *AB*、*BC* 及销子 *B* 的受力图，各杆自重均不计。

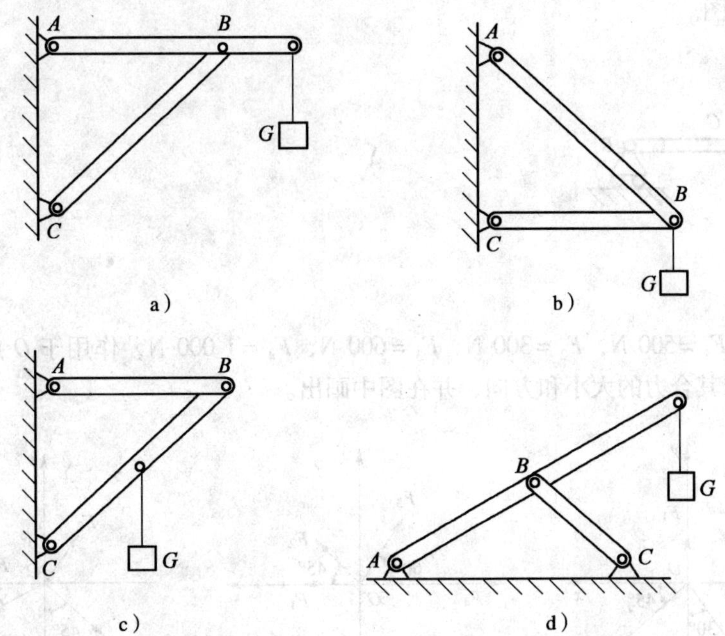

a)　b)　c)　d)

3. 试画出下图所示结构中构件 *AC*、*BD* 的受力图（构件自重忽略不计）。

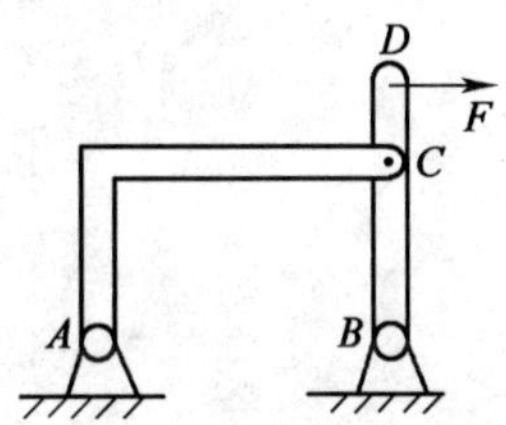

4. 如下图所示，如不计各杆自重，试分别画出图示两种情况下 *BC* 杆及 *AB* 杆的受力图。

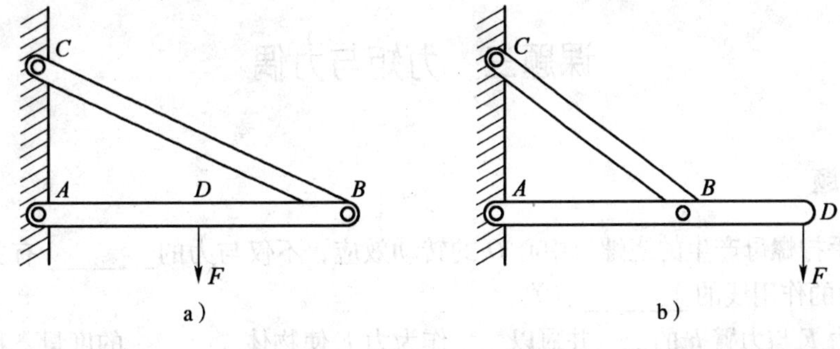

a)　b)

5. 固定铰链约束反力的方向如何确定？活动铰链约束反力的方向如何确定？试画出下图中 AB 杆的受力图。

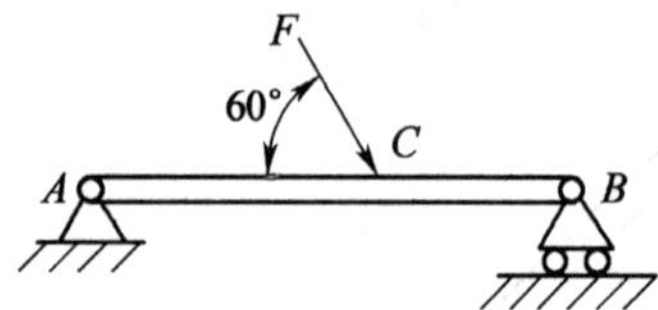

6. 已知力 $F_1=500$ N，$F_2=300$ N，$F_3=600$ N，$F_4=1\ 000$ N，作用于 O 点，各力方向如下图所示。试求其合力的大小和方向，并在图中画出。

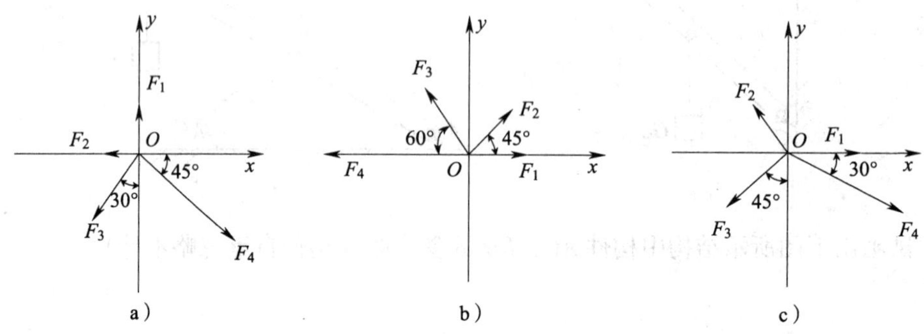

课题三　力矩与力偶

一、填空题

1. 用扳手拧螺母产生的绕螺母中心 O 的转动效应，不仅与力的________有关，而且与螺母中心 O 到力的作用线的________有关。

2. 作用力 F 与力臂 h 的____并冠以____作为力 F 使物体________的度量，称为____，简称____，用符号________表示。O 点称为________，简称矩心。力使物体逆时针转动时，力矩为________值，反之为____值。

3. 合力对 O 点的力矩，等于力系中________对 O 点之力矩的____，称为合力矩定理。

4. 物体受到____________________、____________________、____________________

组成的力系称为力偶。

5. 力偶（F、F'）的力偶矩，以符号________表示，或简写为________，其计算公式为___________。式中 d 称力偶臂，它表示力偶中________________，并规定逆时针转向为________，反之为________。

6. 力的平移定理：若将作用在刚体上某点的力________移到刚体上另一点，要求不改变原力的作用效果，则必须附加一个______，其力偶矩等于______对新作用点的矩。这个力偶称为____________。

二、选择题

1. 下图中各组力偶中的等效力偶组有（　　）。

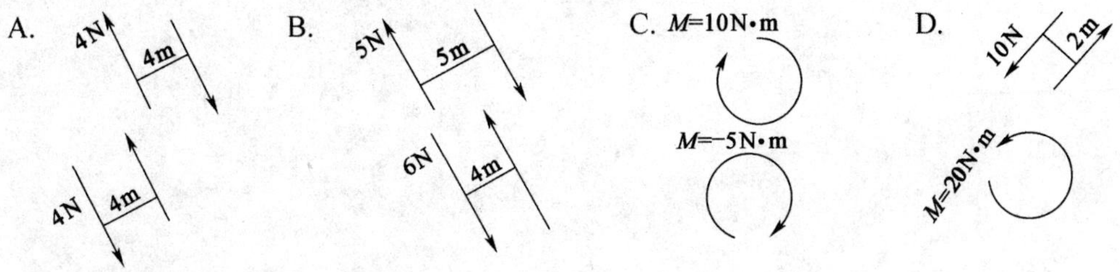

A. 4N 4m / 4N 4m　　B. 5N 5m / 6N 4m　　C. M=10N·m / M=−5N·m　　D. 10N 2m / M=20N·m

2. 下列动作中，属于力的作用的有（　　），属于力矩的作用的有（　　），属于力偶的作用的有（　　）。

A. 用扳手拧紧螺母　　B. 司机用双手转动转向盘

C. 夯打地基　　D. 用丝锥攻螺纹

E. 用手指旋转水龙头　　F. 用羊角锤拔起钉子

G. 锻锤冲击锻件　　H. 踏自行车脚蹬

I. 双手握自行车车把掌握方向

三、判断题

1. 力 F 对任一点的力矩，不会因力 F 的作用点沿其作用线移动而改变。（　　）

2. 力偶可以用一个力来代替，也可以用一个力来平衡。（　　）

四、简答题

1. 什么是力偶？力偶有哪些性质？

2. 什么是力对点的力矩？

3. 转动物体的平衡条件是什么？

4. 力偶的两力大小相等，方向相反，这与作用力和反作用力有什么不同？与二力平衡又有什么不同？

5. 用手拔钉子拔不出来，为什么用羊角锤就很容易拔出来？用手握钢丝钳，为什么不用很大的握紧力就能剪断铁丝？为什么用撬棒能够移动沉重的机床？为什么用扳手拧螺母时用很小的力就很容易拧紧或拧松？

五、计算题

1. 如下图所示，起重机大梁长 10 m，自身重 $P=60$ kN，小车及物体的重量 $Q=40$ kN，试求当小车在图示位置时，两端的钢轨各受到多大压力?

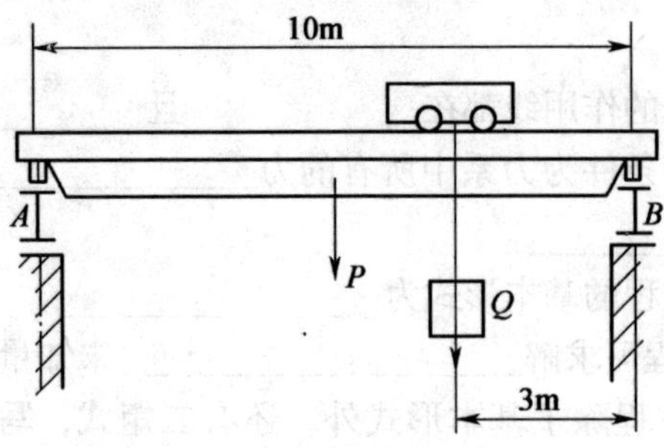

2. 汽车的制动踏板受力 $F=300$ N 作用，如下图所示。试求 AB 杆所受压力 Q 的值及支座 O 的约束反力。

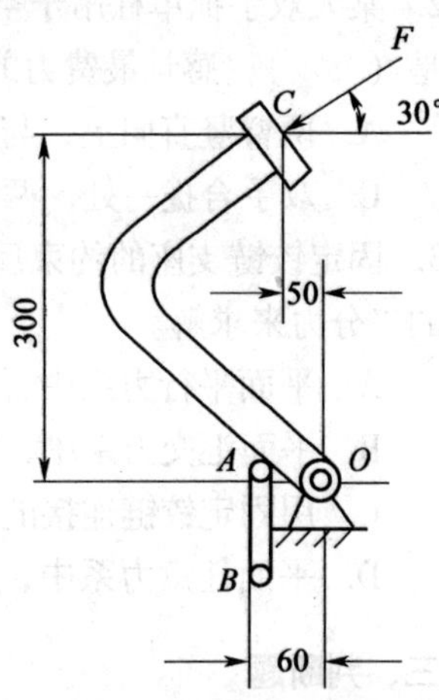

课题四　平面任意力系及平衡

一、填空题

1. 作用于物体上的各力的作用线都在＿＿＿＿＿＿＿且＿＿＿＿＿的力系称为平面任意力系。

2. 平面任意力系的平衡条件为力系中所有的力＿＿＿＿＿＿＿＿＿＿＿＿＿＿＿＿＿＿；力系中所有的力＿＿＿＿＿＿＿＿＿＿＿。

3. 平面任意力系平衡方程的基本形式为＿＿＿＿＿＿＿＿＿，＿＿＿＿＿＿＿＿＿，＿＿＿＿＿＿＿＿＿。三个独立的方程可求解＿＿＿＿＿＿＿＿＿＿＿未知量。

4. 平面任意力系平衡方程除了基本形式外，还有二矩式，写为＿＿＿＿＿＿＿＿＿＿＿，＿＿＿＿＿＿＿＿＿＿＿，＿＿＿＿＿＿＿＿＿＿＿；三矩式，写为＿＿＿＿＿＿＿＿＿＿＿，＿＿＿＿＿＿＿＿＿＿＿，＿＿＿＿＿＿＿＿＿＿＿。

二、选择题

1. 求解平面任意力系平衡问题时，为了简化计算，按下述的（　　）原则选择平面直角坐标系是正确的，按下述的（　　）原则选择矩心是正确的。

A. 两坐标轴只能按水平和铅垂的方向画在受力图上

B. 可根据受力图情况，灵活地安放两坐标轴构成的平面直角坐标系，使尽量多的力与坐标轴平行或垂直

C. 只能选定坐标原点为矩心

D. 通常将矩心选在 n 个未知力的交点上或未知力的作用线上

2. 某人双手抓单杠吊于空中。下列情况中，属于平面汇交力系的是（　　），感觉最省力的是（　　），感觉最费力的是（　　）。

A. 两臂竖直向上，与身体平行　　　　B. 两臂张开成120°角

C. 双手合拢一处，两臂成30°角

3. 固定铰链支座的约束反力方向，在（　　）情况下可以直接确定，而不必分解为相互垂直的二分力来求解。

A. 平面平行力系中，已知其中一个力的作用线

B. 平面汇交力系中，已知其中两个力的汇交点

C. 用固定铰链连接的二力杆，已知杆件轴线

D. 平面任意力系中，已知其中其他力的作用线

三、判断题

1. 在使用平面任意力系的二矩式平衡方程时，矩心 A、B 两点的连线不能与 x 轴平行。（　　）

2. 固定端约束的特点是构件一端固定，既不能移动也不能转动。（　　）

四、简答题

1. 用平衡方程解平面力系问题时，怎样选取直角坐标轴和矩心才能使计算比较简便？

2. 为什么说平面汇交力系、平面力偶系和平面平行力系的平衡方程都是平面任意力系平衡方程的特殊情形？

五、计算题

1. 如下图所示，水平梁 AB 用斜杆 CD 支撑，A、C、D 三处均为光滑铰链连接，均质梁重 G，其上放置一重量为 G_1 的电动机，若不计杆 CD 的自重，试分别画出杆 CD 和梁 AB（包括电动机）的受力图。

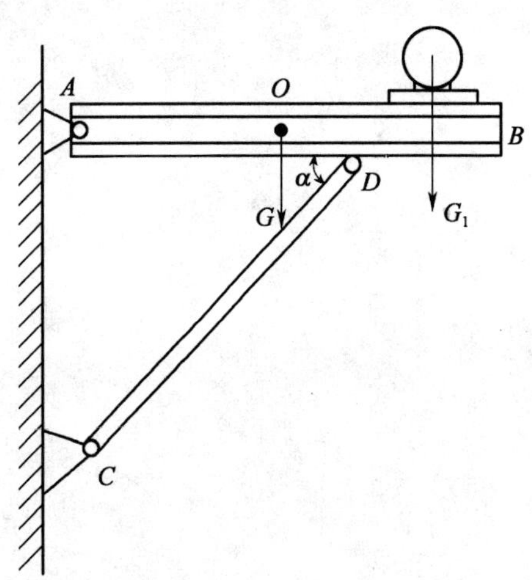

2. 冲天炉上料小车如下图所示。载荷和车共重 $G=240\ \mathrm{kN}$，重心在 C 点，钢索平行于斜坡面。已知：$a=1\ \mathrm{m}$，$b=1.4\ \mathrm{m}$，$e=1\ \mathrm{m}$，$h=1.4\ \mathrm{m}$，$\theta=60°$，不计摩擦。试求小车平衡时钢索的拉力 T 和 A、B 轮对轨道的压力。

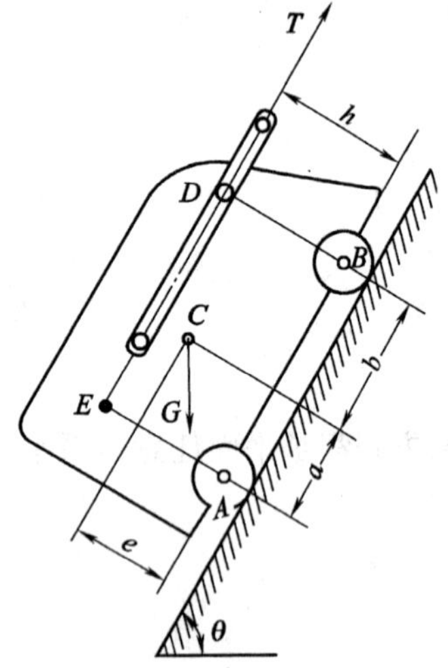

模块七 材料力学基础

课题一 杆件变形的基本形式

一、填空题

1. 长度远大于横截面尺寸的构件称为____________。

2. 杆件的基本变形形式有________、________、________、________四种。

3. 构件的强度是指构件在载荷作用下____________的能力；构件的刚度是指构件在载荷作用下____________的能力；构件的稳定性是指构件____________的能力。

4. 为保证构件的正常工作，在载荷作用下的构件应有足够的承载能力。构件的承载能力主要由____________、____________、____________三方面来衡量。

二、判断题

1. 材料力学所讨论的问题是线性弹性范围内的微小变形。（　）

2. 材料力学中，在对构件进行受力分析时，能将外力沿其作用线任意移动而不影响其对构件的作用。（　）

3. 材料力学中，在对构件进行受力分析时，能任意加上一平衡力系而不影响其对构件的作用。（　）

4. 拉伸或压缩变形，表现为杆件的长度伸长或缩短。（　）

5. 剪切变形表现为受剪切杆件的两部分沿外力作用方向发生相对错动。（　）

6. 扭转变形表现为杆件的任意两个横截面发生绕轴线的相对转动。（　）

7. 弯曲变形表现为杆件轴线由直线变为曲线。（　）

三、名词解释

1. 拉伸或压缩

2. 剪切

3．扭转

4．弯曲

课题二　拉伸与压缩

一、填空题

1．对于所研究的构件而言，__________称为外力；因外力的作用，构件内__________称为内力。

2．受轴向拉伸、压缩的杆件，__________称为轴力。通常规定杆件受__________的轴力为正，受__________的轴力为负。

3．杆件受拉伸或压缩时，必须使其__________不超过材料在拉伸（压缩）时的__________，用公式表示为__________。

4．低碳钢的内应力 σ 和 ε 成__________关系，公式 $\sigma = E\varepsilon$ 中，E 称为__________，其值随__________而异。

5．虎克定律表明，在__________内，拉（压）杆的轴向变形 ΔL 与轴向力 N 及杆件原长 L 成__________比，与 E_A 成__________比，用公式表示为__________。

二、选择题

1．如下图所示，构件中段 AB 属于轴向拉伸的是（　　），属于轴向压缩的是（　　）。

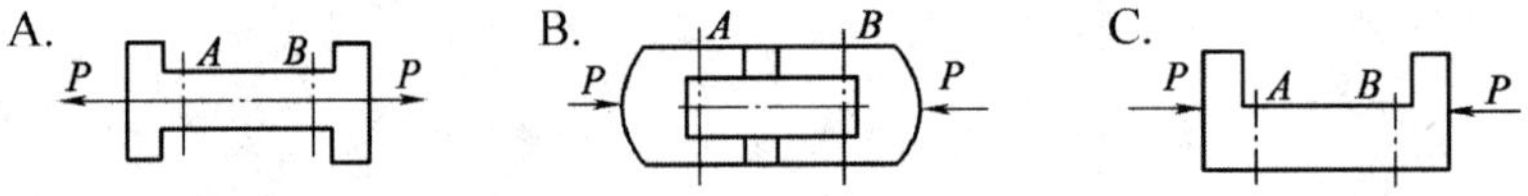

A.　　B.　　C.

2．材料拉伸（压缩）的虎克定律的表达式可写为（　　）。

A．$\Delta L \propto \frac{NL}{A}$　　B．$\Delta L = \frac{NL}{EA}$　　C．$\varepsilon = \frac{\Delta L}{L}$　　D．$\Delta L = L_1 - L_2$

3．构件的许用应力［σ］是保证构件安全工作的（　　）。

A．最高工作力　B．最低破坏力　C．最低工作力　D．平均工作力

4．为保证构件安全可靠地工作，安全系数取值一般都（　　）。

A．>1　　B．<1　　C．$=1$

5．根据强度条件，构件危险截面上的最大工作应力不大于材料的（　　）。

A．许用应力　B．极限应力　C．破坏应力

6. 拉（压）杆的危险截面（　　）是截面积最小的截面。

A. 一定　　B. 一定不　　C. 不一定

三、判断题

1. 构件受到外力作用而变形时，构件内部相连两部分的相互作用力称为内应力。（　　）
2. 构件在外力作用下，单位面积上的内力，称为应力。（　　）
3. 应力的国际制单位为 N/m^2，称为 Pa，有时用 N/mm^2，称为 MPa。（　　）
4. 单位长度的变形称为相对变形（或称线应变）。（　　）

四、简答题

1. 受拉伸或压缩的杆件，其受力特点和变形特点是什么？

2. 什么是内力、应力、正应力、切应力？

3. 许用应力如何确定？

五、计算题

1. 下图所示为等截面直杆，$F_1 = 200$ kN，$F_2 = 100$ kN。求截面 1—1 和截面 2—2 上的内力 F_{N1} 和 F_{N2}。

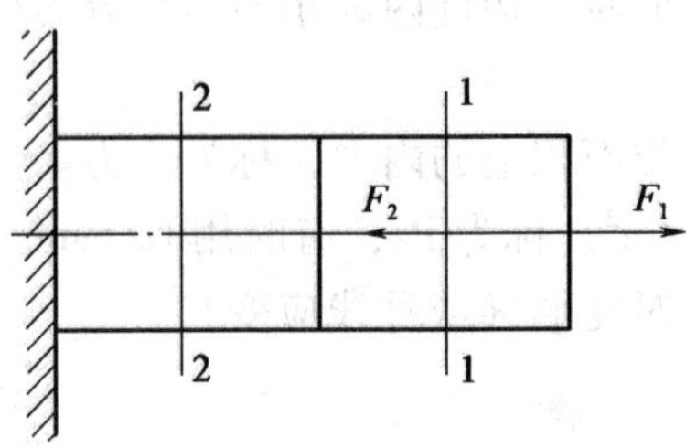

2. 如下图所示，试求在 1—1，2—2 和 3—3 截面上的轴力。

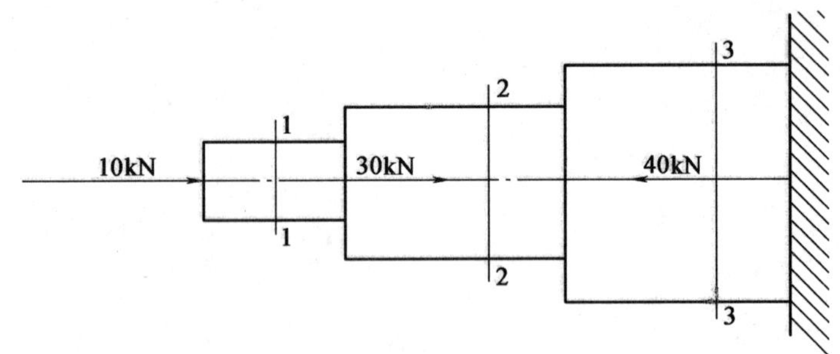

3. 在圆钢杆上铣出一槽，如下图所示。已知钢杆受拉力 $F=15$ kN 作用，钢杆直径 $d=20$ mm。试求 $A—A$ 和 $B—B$ 截面上的应力，并说明 $A—A$ 和 $B—B$ 截面哪个是危险截面。

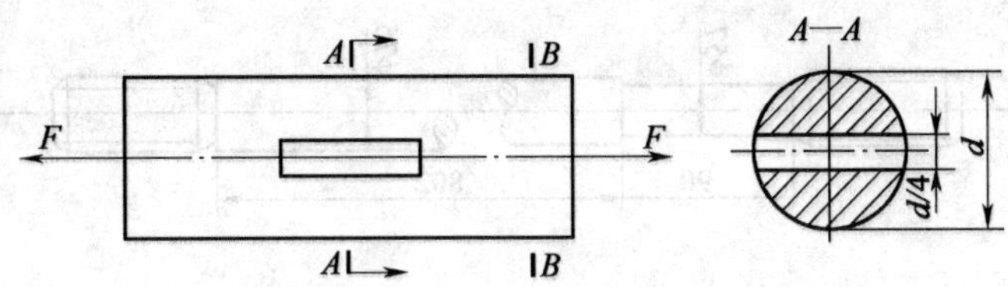

4. 下图所示为螺旋压板夹具，已知螺栓为 M18，材料许用应力 $[\sigma]=50$ MPa，若工件在加工过程中需要夹紧力 $F=2.5$ kN，试校核该螺栓的强度（螺栓小径 $d_1=15.3$ mm）。

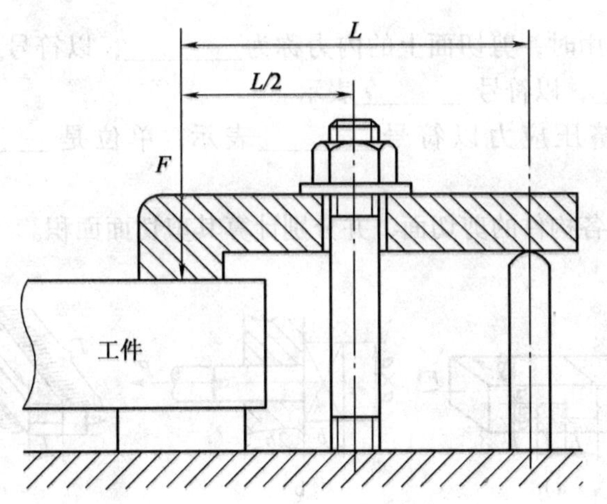

5．柴油机上的气缸盖螺栓尺寸如下图所示。已知螺栓承受预紧力 $F=390$ kN，材料的弹性模量 $E=210$ GPa，试求螺栓的伸长量（两端螺纹部分不考虑）。

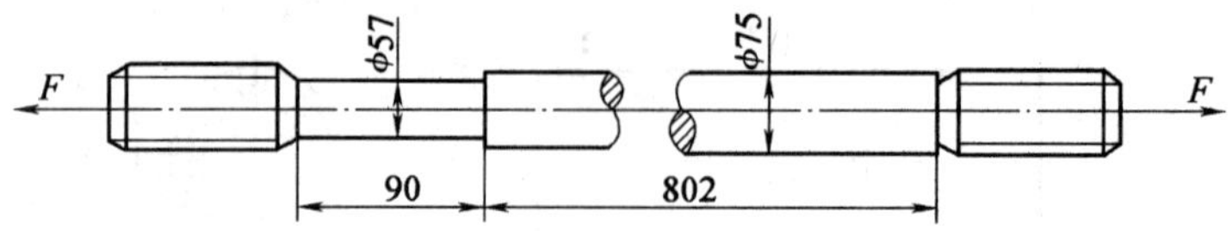

课题三　剪切与挤压

一、填空题

1．构件受剪切作用时，剪切面上的内力称为________，以符号________表示。剪切面上的应力称为________，以符号________表示。

2．挤压面上的挤压应力以符号________表示，单位是________，其计算公式是________。

3．试指出下图中各构件的剪切面，并分别计算其剪切面面积。

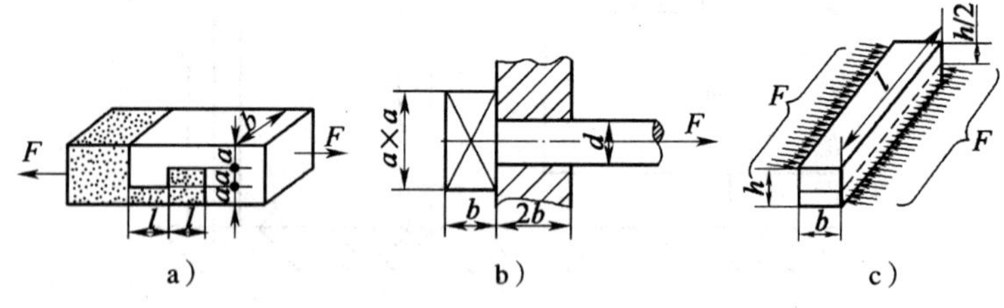

a）　b）　c）

图 a：__________________________；

图 b：__________________________；

图 c：__________________________。

4．指出下图所示构件的挤压面，并计算其挤压面面积。

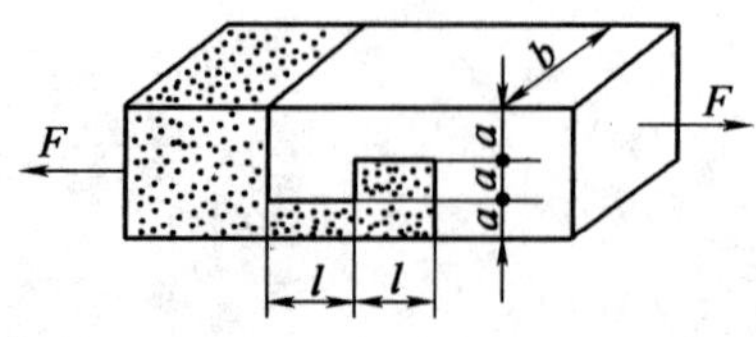

挤压面面积为__________________________。

5. 若校核下图结构中铆钉的挤压强度，则其挤压面面积应取____________。

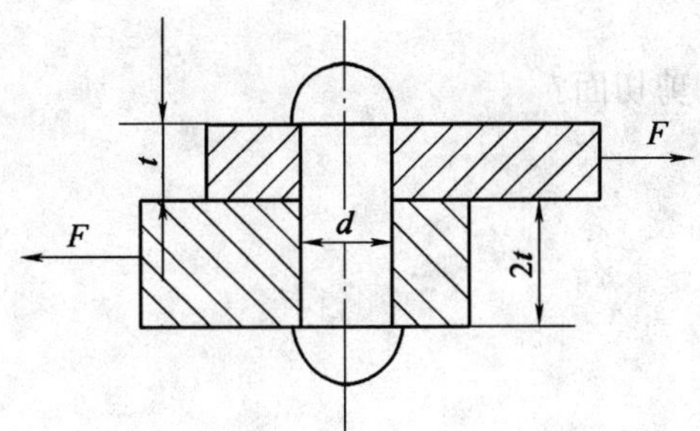

二、选择题

校核下图所示结构中铆钉的剪切和挤压强度时，挤压面面积是（　　），剪切面面积是（　　）。

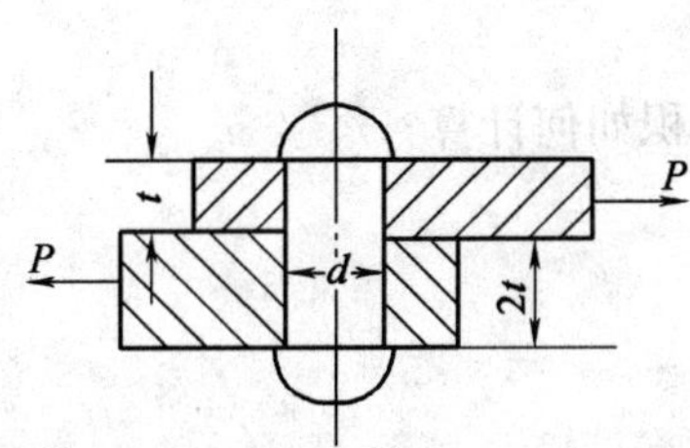

A. $2dt$　　B. $3dt$　　C. $\frac{\pi d^2}{4}$

D. πdt　　E. dt　　F. πd^2

三、判断题

1. 剪切面通常与外力方向垂直。（　　）
2. 挤压面通常与外力方向垂直。（　　）
3. 当挤压面为半圆柱面时，其挤压面积按该面的正投影面面积计算。（　　）
4. 剪切与挤压同时产生时，构件强度要按剪切与挤压强度同时校核。（　　）
5. 下图所示两种铆接方式的强度是一样的。（　　）

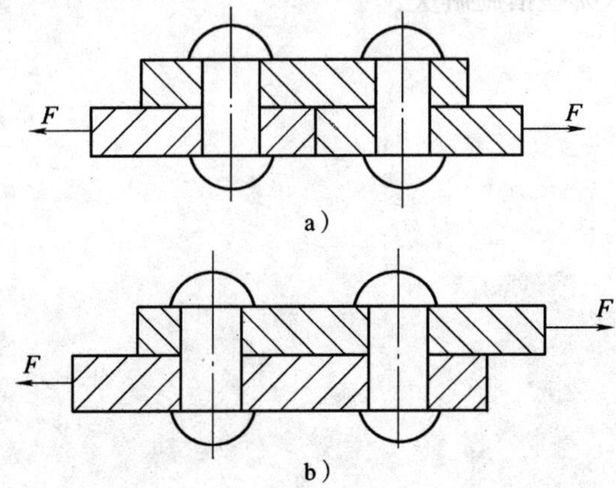

四、简答题

1. 什么是剪切变形、剪切面？

2. 剪切面面积与挤压面面积如何计算？

3. 受剪切的键连接，如果剪切强度不够，可采取哪些措施解决？如果满足剪切强度，而挤压强度不够，可采取哪些措施解决？

五、计算题

1. 如下图所示，拖车挂钩用销连接，已知销钉的材料是 45 钢，许用切应力 $[\tau]=60$ MPa，拖车的拉力 $F=24$ kN，试确定插销的直径。

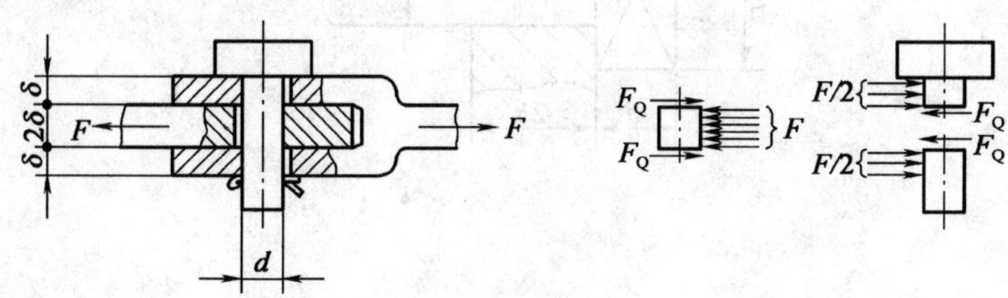

2. 在厚度 $\delta=5$ mm 的钢板上欲冲出一个形状如下图所示的孔。已知钢板的剪切强度极限 $\tau_b=320$ MPa，求冲床所需的冲裁力 F。

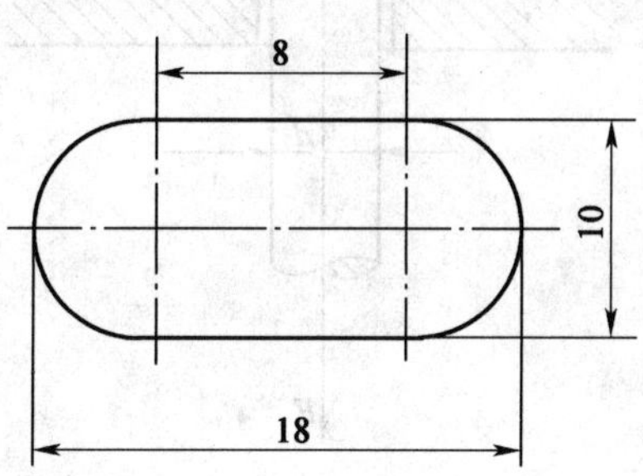

3. 分析下图中拉杆的受拉面、受剪面和受挤面，并分别列出其强度条件。

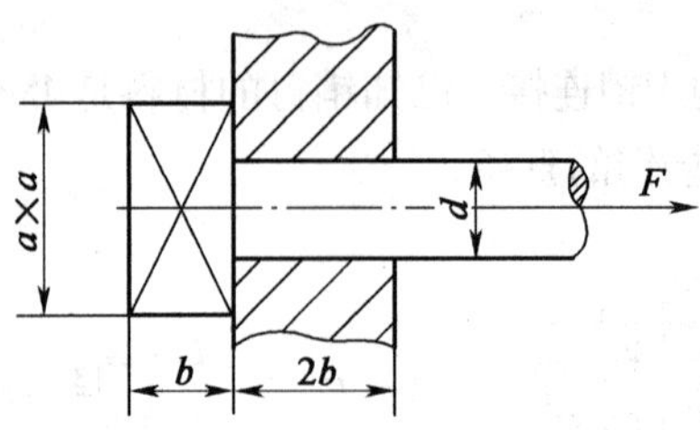

4. 下图所示构件中 $D=2d=32$ mm，$h=12$ mm，拉杆材料的许用应力 $[\sigma]=120$ MPa；$[\tau]=70$ MPa，$[\sigma_{jy}]=170$ MPa。试计算拉杆的许可载荷 F。

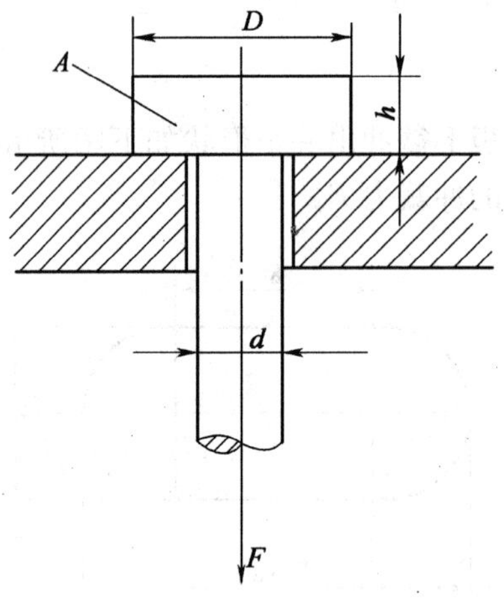

课题四　扭　转

一、填空题

1．圆轴扭转时，截面上剪应力的分布规律是＿＿＿＿＿＿＿＿＿＿＿＿＿＿＿＿＿＿＿，其最大剪应力的位置在＿＿＿＿＿处，其计算公式为＿＿＿＿。

2．作用在杆件两端的一对＿＿＿＿大小相等、方向相反，＿＿＿＿的作用面＿＿＿＿于杆件的轴线，在这种情况下，杆件各横截面绕轴线做＿＿＿＿，这时杆件产生＿＿＿＿变形。

3．以＿＿＿＿表示截面位置，以＿＿＿＿表示相应截面的扭矩。把扭矩的计算结果按＿＿＿＿绘于图上，即得＿＿＿＿。

二、选择题

1．在下图所示各轴中，仅产生扭转变形的轴是（　　）。

A.　B.　C.　D.

2．下图所示为一传动轴上齿轮的两种布置方案，其中对提高传动轴的扭转强度有利的布置方案是（　　）。

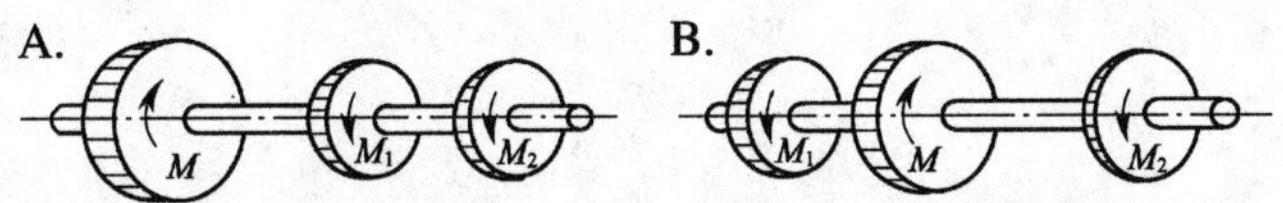

3．在下图所示的各截面上，与扭矩 M_n 相对的剪应力分布图为（　　）。

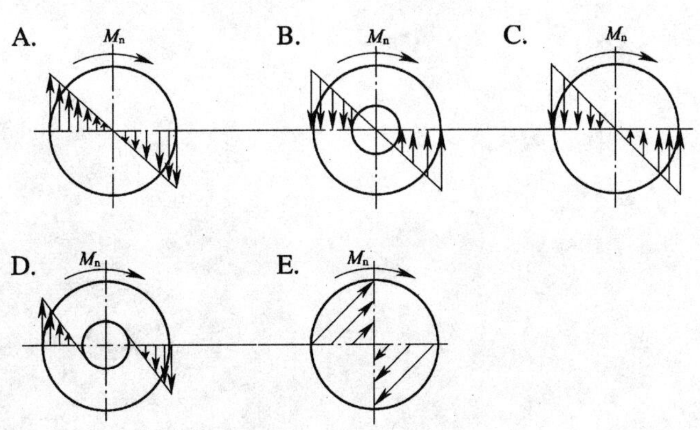

4．圆轴扭转时，横截面上（　　）。

A．只有剪应力，其大小与到圆心的距离成正比

B．有正应力，其大小与截面直径无关

C．有正应力也有剪应力，它们的大小均与截面直径无关

三、判断题

1．某一截面上的扭矩，等于截面一侧（左或右）轴上所受外力偶矩的代数和。（　　）

2．圆轴扭转变形后，任一截面的形状、大小及其在轴线上的位置没有变化。（　　）

3．圆轴扭转变形时，横截面间产生的相对错动变形与剪切变形性质不同。（　　）

四、简答题

1．圆轴扭转时截面上产生什么应力？应力在横截面上如何分布？

2．空心轴有哪些好处？在什么情况下宜采用空心轴？

五、计算题

1. 下图所示为一齿轮轴。已知：轴的转速 $n = 300\ \mathrm{r/min}$，主动齿轮 A 输入功率 $P_A =$ 50 kW，从动齿轮 B 和 C 输出功率分别为 $P_B = 30\ \mathrm{kW}$，$P_C = 20\ \mathrm{kW}$。试求轴上截面 1—1 和 2—2 处的内力。

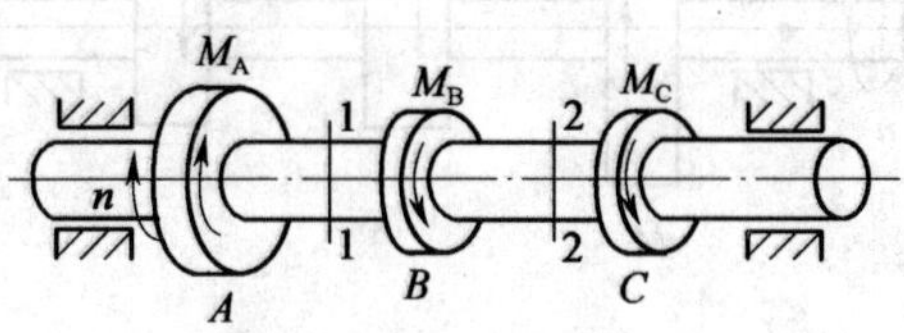

2. 下图所示为圆轴上作用四个外力偶矩，分别为 $M_1 = M_2 = 351\ \mathrm{N \cdot m}$，$M_3 = 468\ \mathrm{N \cdot m}$，$M_4 = 1\ 107\ \mathrm{N \cdot m}$，轴用 45 钢制成，其许用切应力 $[\tau] = 60\ \mathrm{MPa}$。试确定轴最大扭矩处的轴径。

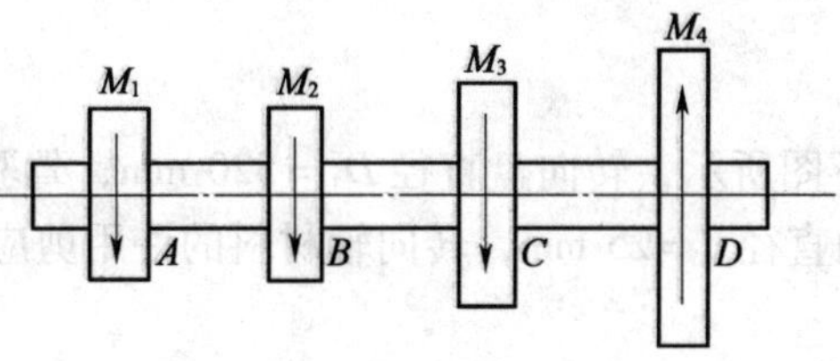

3. 下图所示传动轴的转速 $n=1\ 500$ r/min，主动轮输入功率 $P_1=40$ kW，从动轮输出功率 $P_2=25$ kW，$P_3=15$ kW。(1) 试求轴上各段的扭矩。(2) 从强度观点看，三个轮子如何布置比较合理？试求这种方案的 M_{max}。

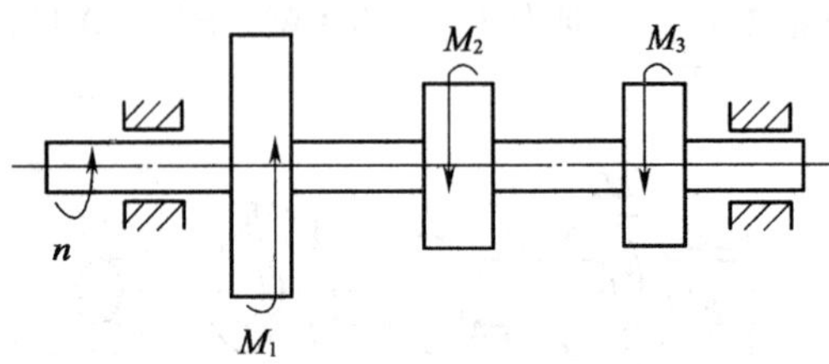

4. 机器传动轴的直径 $D=80$ mm，转速 $n=200$ r/min，材料的许用切应力 $[\tau]=50$ MPa。试按强度条件计算此轴能传递的最大功率。

5. 汽车的转向盘如下图所示，转向盘直径 $D_1=520$ mm，驾驶员作用于转向盘上最大的切向力 $F=200$ N，转向轴直径 $d=25$ mm，转向轴材料的许用剪应力 $[\tau]=50$ MPa，试校核转向轴的直径。

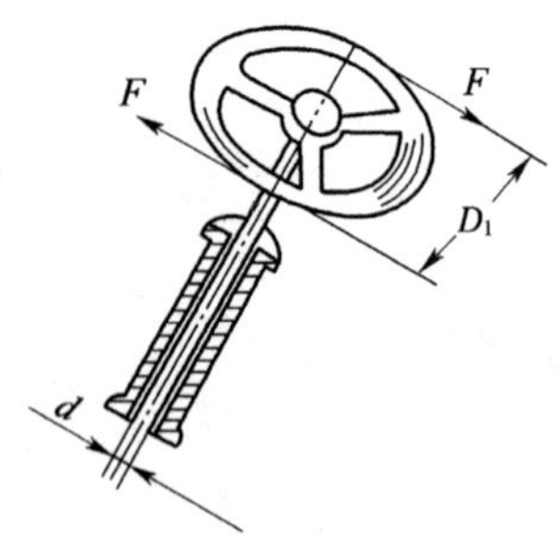

课题五　直梁的弯曲

一、填空题

1．在工程中，把______________________称为梁。按照支座的情况不同，可以将梁分为________、________和________三种基本类型。

2．梁弯曲时，横截面上的内力一般包括________和________两个分量，其中对梁的强度影响较大的主要是________。

3．弯矩的符号规定为：当梁弯曲成________时为正号，弯曲成___________时为负号。

4．梁弯曲时，截面上各点的正应力的大小与___________________________成正比，方向与截面______________。截面上的最大正应力在_____________处，最小正应力在__________。

5．对于截面积相同的正方形、竖放的矩形和工字形，以及圆形，它们的抗弯截面模量是________形最大，________形次之，________形最小。

二、选择题

1．下图所示各梁中，仅加载方法不同，其中使梁 *AB* 产生弯矩最大的是（　　），最小的是（　　）。

A. $\frac{L}{2}$ $\frac{L}{2}$ F

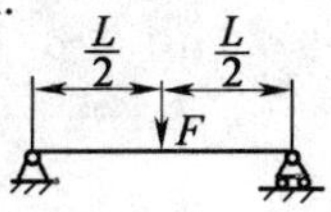

B. $\frac{L}{3}$ $\frac{2L}{3}$ F

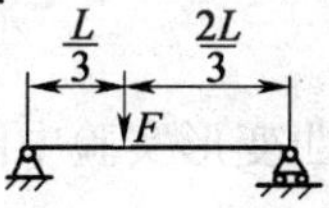

C. $\frac{L}{4}$ $\frac{3L}{4}$ F

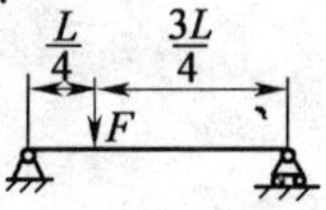

D. $\frac{L}{4}$ $\frac{L}{4}$ $\frac{L}{4}$ $\frac{L}{4}$ F

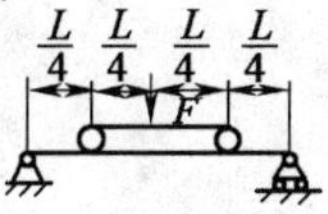

2．下图所示为钢质矩形梁的两种放置方法，从提高梁的弯曲强度考虑，图（　　）的放置方法合理。

A. P

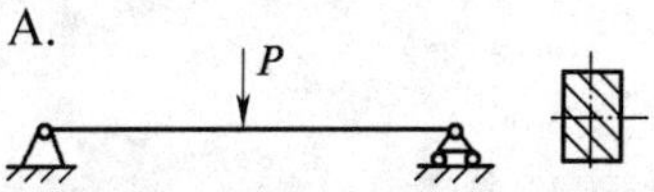

B. P

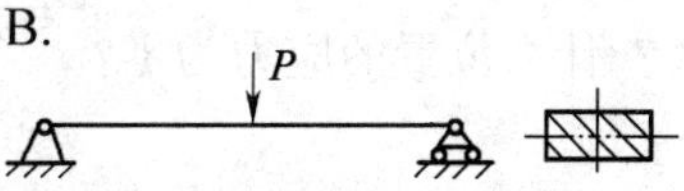

3．下图所示为工字钢梁的两种放置方法，从有利于提高梁的弯曲强度考虑，图（　　）的放置方法合理。

A. P

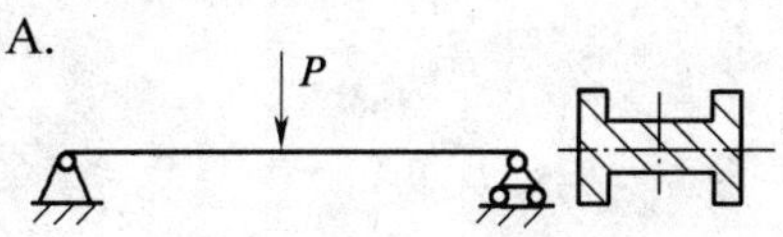

B. P

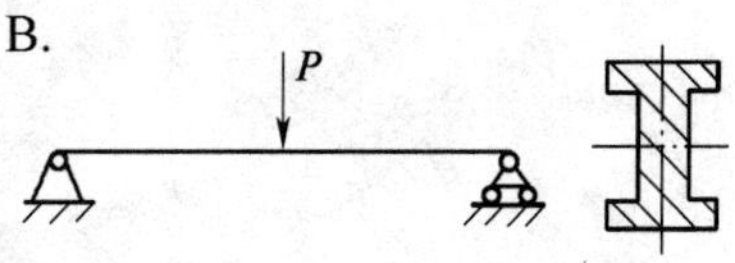

4. 下图所示悬臂梁，指定截面的应力分布规律表达正确的是（　　）。

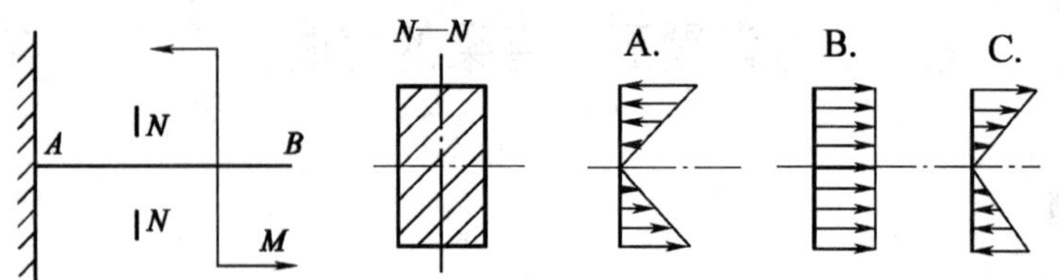

三、判断题

1. 下图所示截面积相等的四种截面，抗弯截面模量 W_Z 是一样的。（　　）

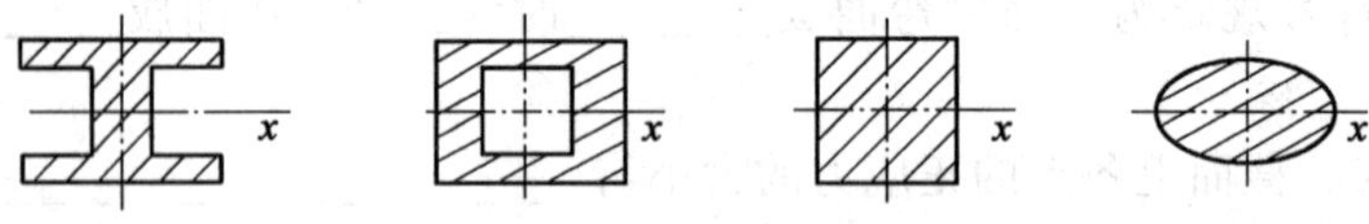

2. 对于跨度较大的梁，剪力对梁的影响远大于弯矩的影响。（　　）
3. 当梁的长度相对于横截面尺寸较大时，剪力可不作考虑，仅仅研究梁的弯矩。（　　）
4. 取左侧梁计算时，顺时针转向的外力矩使梁弯曲成凹面向上，所以，外力矩为负。（　　）
5. 取右侧梁计算时，逆时针转向的外力矩使梁弯曲成凹面向上，所以，外力矩为正。（　　）
6. 弯矩图上任一点的纵坐标代表与此点相对应的梁横截面上的弯矩值。（　　）

四、简答题

1. 从矩形截面梁的纯弯曲变形实验中能观察到哪些变形现象？

2. 纯弯曲时，梁内横截面上将产生什么应力？它们按什么规律分布？在横截面上什么位置的应力最大？什么位置的应力为零？

3. 什么是梁的抗弯截面模量？

五、计算题

1. 求下图所示梁中间截面的剪力和弯矩。

（1）

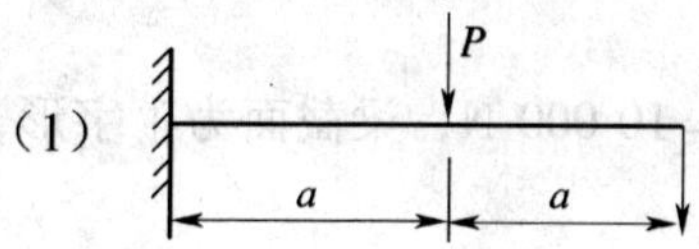

（2）

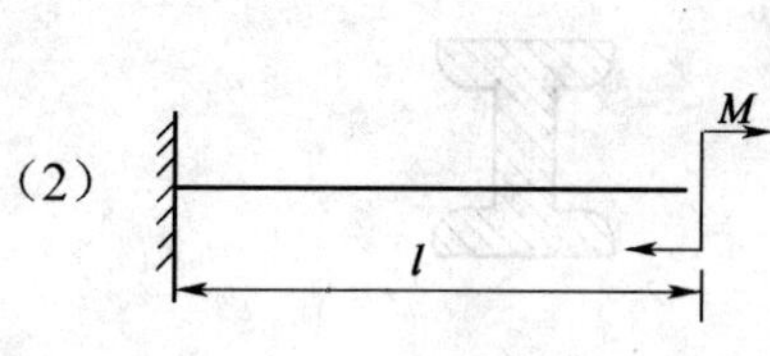

（3）

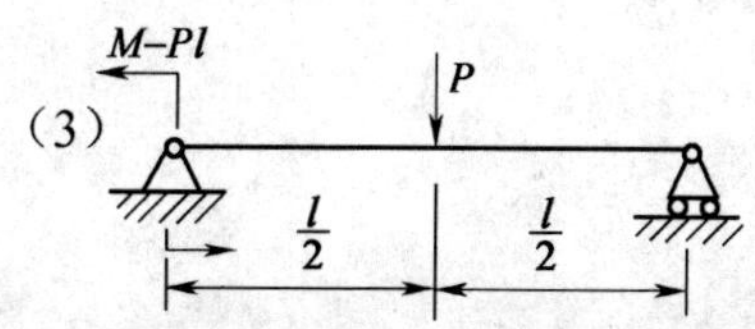

2．如下图所示，若两图中的集中力均为 $F=50$ kN，且梁的跨度相等，$l=2$ m，试比较它们的最大弯矩值。

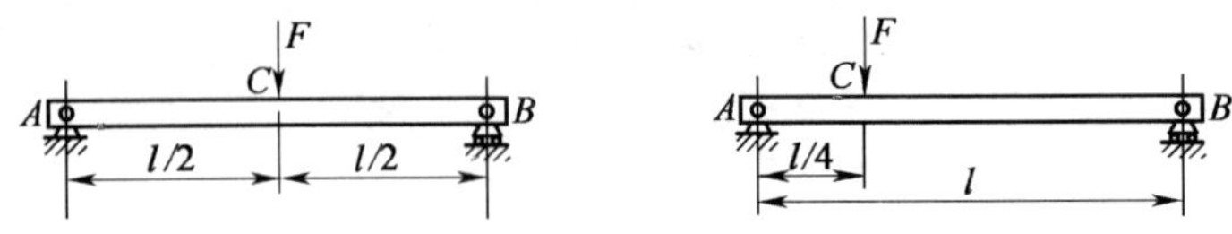

3．下图所示的悬臂梁，梁长 $l=100$ cm，集中载荷 $F=10\ 000$ N，梁截面为工字形，已知其 $W_Z=102\ \text{cm}^3$，试求出其最大弯矩和最大正应力。

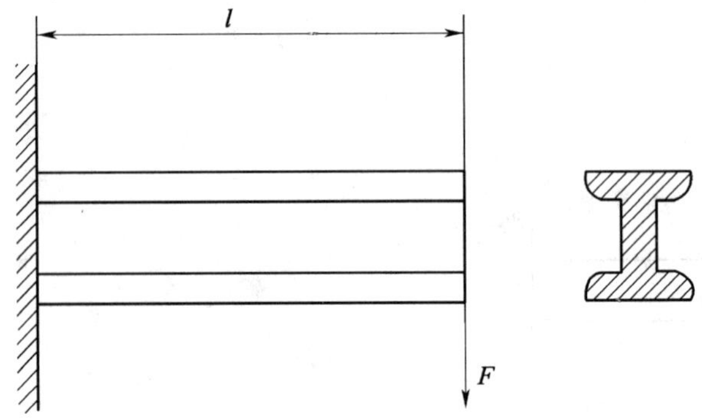

4. 螺栓压板夹具如下图所示。已知：压板的长度 $3l = 180$ mm，设压板对工件的压紧力 $F_1 = 4$ KN，试求出压板的最大弯矩。

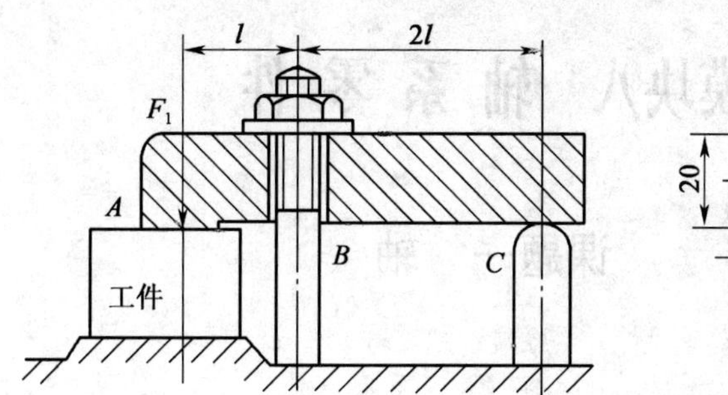

模块八　轴 系 零 件

课题一　轴

一、填空题

1. 轴的功用主要是____________，并传递____________。

2. 按照轴的轴线形状不同，可将轴分为____________和____________两大类。

3. 单缸内燃机中，采用________轴实现活塞的往复直线运动和飞轮转动的转换，其工作的实质是采用____________机构。

4. 根据直轴所受载荷不同，可将其分为________、________、________三种类型。

5. 支承转动零件的部位称为________，被轴承支承部位为____________。

6. 轴上零件的轴向固定方法有________、________、________、________、________等。

7. 轴上零件的周向固定方法有________、________。

8. 轴正常工作必须要有足够的____________和合适的____________。

9. 轴的常用材料是____________和____________等。

二、选择题

1. 只支承零件，不传递动力的轴是（　　）。
   A. 心轴　　B. 传动轴　　C. 转轴

2. 不支承零件，只传递动力的轴是（　　）。
   A. 心轴　　B. 传动轴　　C. 转轴

3. 既支承零件，又传递动力的轴是（　　）。
   A. 心轴　　B. 传动轴　　C. 转轴

4. 只有（　　）才能使轮毂在轴上得到准确的定位。
   A. 圆螺母　　B. 轴肩　　C. 轴套

5. 对轴上零件做周向固定可采用（　　）。
   A. 轴肩　　B. 圆螺母　　C. 平键固定

6. 用圆螺母固定时，轴上螺纹的大径（　　）安装零件的孔径。
   A. 大于　　B. 等于　　C. 小于　　D. 小于或等于

7. 轴常用45 钢制造并经（　　）处理，以提高耐磨性和抗疲劳强度。
   A. 正火　　B. 淬火　　C. 回火　　D. 退火

三、判断题

1. 曲轴可以将旋转运动变为直线往复运动。 ( )
2. 用轴肩（轴环）可以对轴上零件做轴向固定。 ( )
3. 圆螺母可以对轴上零件做周向固定。 ( )
4. 光轴和阶梯轴都属于直轴。 ( )
5. 心轴在工作中只承受弯曲作用。 ( )
6. 传动轴在工作中只承受扭转作用。 ( )
7. 汽车后轴是传动轴。 ( )
8. 自行车的中轴是转动心轴。 ( )

四、简答题

1. 常用轴的结构应满足哪三方面要求？

2. 心轴、传动轴、转轴的应用特点有哪些？

课题二 滚动轴承

一、填空题

1. 轴承的作用是支承轴上的零件，使轴在工作时保持一定的__________，同时还可以降低转动轴与支承间的__________。

2. 滚动轴承根据所受载荷不同可分为__________、__________、__________三大类型。

3. 滚动轴承结构由__________、__________、__________、__________组成。

4. 常用的滚动体形式有________、________、________、________、________、________。

5. 滚动轴承代号：

51424 表示__________________________________。

6005 表示__________________________________。

30316 表示________________________________。

73202 表示________________________________。

二、选择题

1. 普通级的深沟球轴承，尺寸系列代号 3 的内径 $d=60$ mm 的轴承代号是（　　）。
   A. 6312　　B. 2312　　C. 8312
2. 主要承受径向力，而轴向力较小时，合理选用的轴承类型代号是（　　）。
   A. 6000　　B. 7000　　C. 5000
3. 既承受径向力，又承受单向轴向力时，合理选用的滚动轴承的类型代号是（　　）。
   A. 3000　　B. 2000　　C. 6000
4. 在斜齿轮传动中，可选用（　　）型轴承支承。
   A. 6000　　B. 3000　　C. 5000
5. 在直齿圆柱齿轮传动中，可选用（　　）型轴承支承。
   A. 6000　　B. 3000　　C. 5000

三、判断题

1. 为便于装拆，一般情况下，轴承内圈配合应松些，外圈配合要紧些。（　　）
2. 一般情况下，滚动轴承的刚度高于滑动轴承。（　　）
3. 滚动轴承由于径向尺寸较大，故抗冲击能力高。（　　）
4. 滚动轴承工作时阻力小，高速时噪声也小。（　　）
5. 滚动轴承由于阻力小，摩擦小，一般不需要润滑。（　　）
6. 通常滚动轴承的内圈是固定的，而外圈是随轴转动的。（　　）

四、简答题

1. 滚动轴承有什么优点？

2. 选用滚动轴承考虑的因素有哪些？

课题三 滑动轴承

一、填空题

1. 滑动轴承根据它所承受载荷的方向，可分为________和________轴承。
2. 滑动轴承按摩擦（润滑）状态可分为________轴承和________轴承。
3. 向心滑动轴承的结构形式有________、________、________等。
4. 推力滑动轴承结构有________轴承、________轴承、________轴承三种形式。
5. 滑动轴承的常用润滑方法有________、________、________、________。

二、选择题

1. 下列场合应用滑动轴承，其中（　　）是错误的。
   A. 轴向尺寸小　　B. 剖分式结构
   C. 承受冲击载荷　　D. 旋转精度高
2. 轴旋转时，带动轴上油环，把油箱中的油带到轴颈进行润滑的方法称为（　　）。
   A. 滴油润滑　　B. 飞溅润滑　　C. 油环润滑　　D. 压力润滑
3. 若轴和支架刚度较差，采用（　　）滑动轴承能自动适应其变形。
   A. 整体式　　B. 对开式　　C. 调心式　　D. 推力
4. 传统的轴瓦材料是（　　）。
   A. 铸铁　　B. 铸青铜　　C. 轴承合金　　D. 碳钢
5. 滑动轴承的噪声和振动与滚动轴承相比（　　）。
   A. 较高　　B. 较低　　C. 两者一样　　D. 不能确定

三、判断题

1. 对开式滑动轴承磨损后，可取出一些调整垫片，以使轴颈与轴瓦保持要求的间隙。（　　）
2. 为提高重要轴承的承载能力，可采用在轴瓦上浇铸轴承衬的做法。（　　）
3. 滚动轴承失效的主要形式是点蚀，而滑动轴承的主要失效形式是磨损。（　　）
4. 对开式滑动轴承油槽应开在下轴瓦。（　　）
5. 整体式滑动轴承应用于转速较高的场合。（　　）

四、简答题

1. 整体式滑动轴承有何特点？

2. 对开式滑动轴承轴瓦结构有何要求？

3. 滑动轴承有何特点？

课题四　联轴器与离合器

一、填空题

1. 联轴器是把两根轴________在一起，机器在运转过程中两根轴是________分离的。
2. 凸缘式联轴器对所连接两轴的________性要求很高。
3. 夹壳式联轴器是由____________及____________所组成的。
4. 弹性柱销联轴器适用于汽车________中。
5. 离合器一般由________、________、________、________等组成。
6. 离合器有________、________、________等类型。
7. 离合器在机器运转过程中，就能将传动系统随时________或________。
8. 超越离合器可以使同一根轴上出现________转速。

二、选择题

1. 对两轴的位移有补偿能力的联轴器是（　　）。
   A. 凸缘联轴器　　B. 齿式联轴器　　C. 安全联轴器
2. （　　）对被连接的两轴有严格的对中性要求。
   A. 凸缘式联轴器　　B. 十字滑块联轴器　　C. 弹性柱销联轴器
3. 自行车后飞轮的内部结构为（　　），因而可蹬车滑行乃至回链。
   A. 链传动　　B. 制动器　　C. 超越离合器
4. 若想把电动机的转轴和减速器输入轴连接在一起，应当采用（　　）。
   A. 联轴器　　B. 离合器
5. 起安全保护作用的离合器，当转矩超过规定值时，离合器就会（　　）。
   A. 被切断　　B. 打滑
6. （　　）可以使同一根轴上存在两种不同的转速。

A. 牙嵌离合器　　B. 摩擦离合器　　C. 超越离合器

7. 牙嵌离合器和摩擦离合器的可移动部分安装在（　　）。

A. 主动轴上　　B. 从动轴上

三、判断题

1. 联轴器可以代替离合器使用。（　　）
2. 摩擦式离合器是靠接合元件间产生的摩擦力来传递转矩的。（　　）
3. 十字滑块联轴器对轴与轴承能产生附加载荷。（　　）
4. 只有套筒式联轴器，才具有安全保险作用。（　　）
5. 可移式联轴器对两轴的对中性要求高。（　　）
6. 离合器可以代替联轴器使用。（　　）
7. 只有摩擦离合器，才具有安全保险作用。（　　）

四、简答题

1. 联轴器有何功用？有哪些类型？

2. 十字滑块联轴器属于哪种联轴器？并有何补偿作用？

3. 离合器有何功用？有哪些类型？

4. 多盘式摩擦离合器有何特点？

课题五　制　动　器

一、填空题

1．制动器的类型有________、________、________。

2．汽车制动系统中的制动器是用来使汽车________，或者是防止停放在坡道上的汽车________。

3．自动变速器中使用的制动器可分为__________制动器和________制动器两种，汽车制动系中的制动器可分为__________制动器和________制动器两种。

二、选择题

1．机器在运转中如要降低其运转速度或让其停止运动，常可以使用（　　）。

A．制动器　　B．联轴器　　C．离合器

2．自动变速器中使用的制动器可为（　　）。

A．湿式多片制动器　B．鼓式制动器　　C．盘式制动器

3．制动器通常装在机器的（　　）轴上。

A．低速　　B．中速　　C．高速　　D．变速

三、判断题

1．锥形制动器一般应用在较大转矩的制动上。（　　）

2．汽车上常用的制动器是鼓式制动器和盘式制动器。（　　）

四、简答题

1．制动器有何功用？

2．汽车上的制动器有何作用？

模块九　连　接

课题一　键　连　接

一、填空题

1．键连接主要用于连接＿＿＿＿＿＿，实现＿＿＿＿＿＿，而＿＿＿＿＿＿。

2．根据键连接的结构和承受载荷情况不同，键连接分为＿＿＿＿＿＿和＿＿＿＿＿＿两类。

3．常用的松键连接有＿＿＿＿＿＿和＿＿＿＿＿＿。

4．圆头平键 $b \times h \times l = 20 \times 12 \times 56$ 的标记为＿＿＿＿＿＿＿＿，平头平键 $b \times h \times l = 22 \times 14 \times 70$ 的标记为＿＿＿＿＿＿＿＿。

5．紧键连接有＿＿＿＿＿、＿＿＿＿＿。

6．半圆键连接一般用于汽车发动机配气机构上的＿＿＿＿＿和＿＿＿＿＿正时齿轮的连接。

7．花键连接由轴上加工出＿＿＿＿＿＿＿和毂上加工出＿＿＿＿＿＿＿组成。

二、选择题

1．楔键连接的键槽与键的（　　）不相接触，为非工作面。

A．上下两面　　B．两个侧面

2．松键连接的工作面为（　　）。

A．上下面　　B．两侧面

3．根据平键的（　　）不同，分为 A、B、C 型。

A．截面形状　　B．尺寸大小　　C．头部形状

4．在普通平键的三种形式中，（　　）平键在键槽中不会发生轴向移动，所以应用最广。

A．圆头　　B．平头　　C．单圆头

5．因为圆锥销有（　　），具有可靠的自锁性，可以在同一销孔中多次装拆而不影响被连接零件的相互位置精度。

A．1∶50 的斜度　　B．1∶50 的锥度　　C．1∶100 的锥度

6．当轴上零件的轴向移动量很大时，导向平键将很长，不易制造，这时可采用（　　）连接。

A．滑键　　B．楔键　　C．半圆键

三、判断题

1．切向键对轴削弱较严重，且对中性不好。　　（　　）

2. 楔键连接以两侧面为工作面来传递转矩。 ( )
3. 平键连接属于松键连接，采用基轴制。 ( )
4. 键是标准零件。 ( )
5. 将平键加长，可成为导向平键。 ( )
6. B 型平键不会发生轴向移动，所以应用最广。 ( )
7. 花键键齿侧面为工作面，工作时靠齿的侧面相互挤压传递转矩。 ( )
8. 矩形花键定心方式采用大径定心，定心精度高，稳定性好。 ( )

四、分析题

1. 分析下图，回答下列问题：

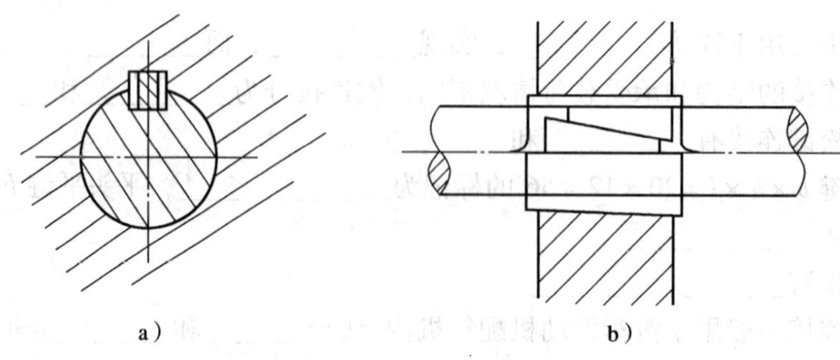

a)　　　　b)

(1) 图 a 采用＿＿＿＿＿键连接，键的上表面具有＿＿＿＿＿斜度，轴槽底面的斜度为＿＿＿＿＿。

(2) 图 b 采用＿＿＿＿＿键连接，此键布置在轴的＿＿＿＿＿＿＿方向上，只能传递＿＿＿＿＿个方向的转矩。

(3) 两图 a、b 中键的工作面均为＿＿＿＿＿，而键的两侧面＿＿＿＿＿，所以连接的＿＿＿＿＿性差，只能用于速度＿＿＿＿＿的场合。

(4) 两种连接相比，＿＿＿＿＿图连接能承受不大的单向轴向力，＿＿＿＿＿图连接能传递较大转矩。

(5) 图 a、b 两种连接在安装时的共性是需＿＿＿＿＿。

(6) 两种连接都属于键连接中＿＿＿＿＿性质的连接。

(7) 图 a、b 连接＿＿＿＿＿用于冲击、变载场合，因其工作中会产生＿＿＿＿＿现象，使连接失效。

2. 分析下图，回答下列问题：

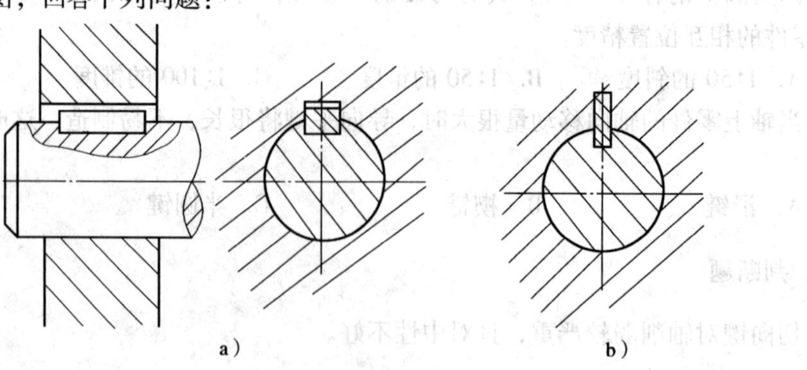

a)　　　　b)

（1）图 a 采用__________键连接，此键具有__________、__________、__________等型号，其中__________型应用最广。

（2）两图中键的工作面为__________，因而__________精度高，传递转速可__________。

（3）若将图 a 中的键加长，可用作__________，此时连接形式为__________。

（4）图 b 是__________键连接。此连接中键具有__________性能，可很好地适应轮毂的装配，因而特别适用于__________轴与轮毂的连接，但由于键槽__________，只能传递__________载荷。

课题二　销　连　接

一、填空题

1. 销连接形式有__________和__________。

2. 销连接的应用特点是可以用来______________，以及用来______________、______________。

二、选择题

1. 因为圆锥销有（　　），具有可靠的自锁性，可以在同一销孔中多次装拆而不影响被连接零件的相互位置精度。

A. 1∶50 的斜度　　B. 1∶50 的锥度　　C. 1∶100 的锥度

2. 被定位件之一较厚时，采用（　　）定位。

A. 圆柱销　　B. 圆锥销　　C. 带内螺纹的圆锥销

三、判断题

1. 圆柱销一般用于被连接件经常拆卸的场合。（　　）

2. 用于定位的销使用数目不少于 2 个。（　　）

四、分析题

下图所示为销连接的形式及应用特点，分析该图并回答下列问题：

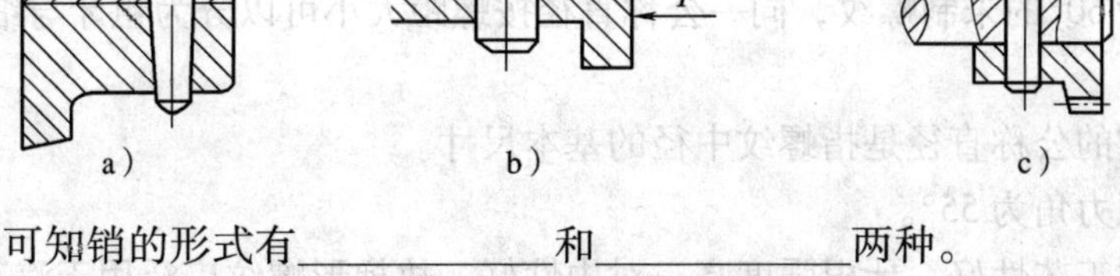

a）　　b）　　c）

（1）由图可知销的形式有__________和__________两种。

（2）图 a 中销靠__________来定位，故经多次拆装__________定位精度。

（3）图 b、c 中的销靠__________来定位、传递转矩。

（4）图 a 中销使用时数目____________，且____________传递载荷（能、不能）。

（5）图 c 在过载时，为防止齿轮和轴的损坏，起到安全保护作用，销的强度应____________被连接件的强度。

课题三 螺 纹 连 接

一、填空题

1．螺纹按照用途不同，一般可分为________和________两大类，按旋向可分为________旋和________旋。

2．普通螺纹的主要参数有________、________、________、________、________、________、________、________ 8 个。

3．螺纹按截面形状可分为________、________、________、________、________。

4．预紧的目的是增加连接的________与________，防止受载后被连接件间出现缝隙与相对滑移，保持正常工作。

5．螺纹防松方法包括________、________、________、________。

二、选择题

1．连接螺纹多用（　　）螺纹，而且是（　　）的。

A．梯形　　B．三角形　　C．锯齿

D．单线　　E．双线

2．螺纹的公称直径是指（　　）。

A．螺纹小径　　B．螺纹大径　　C．螺纹中径

3．用于机械静连接的螺栓，其螺纹应是（　　）螺纹。

A．三角形　　B．梯形　　C．锯齿形　　D．矩形

4．常用于高温、高压、密封要求高的管路连接的螺纹应是（　　）螺纹。

A．三角形　　B．梯形　　C．圆柱管　　D．圆锥管

5．当被连接件之一较厚，不易制作通孔，且不需经常装拆时，可采用（　　）连接。

A．螺栓　　B．螺钉　　C．双头螺柱　　D．紧定螺钉

三、判断题

1．压力角为 60°的未制螺纹，同一公称直径按螺距大小可以分为粗牙与细牙两种。（　　）

2．普通螺纹的公称直径是指螺纹中径的基本尺寸。（　　）

3．管螺纹压力角为 55°。（　　）

4．梯形螺纹工艺性好，牙根强度高，对中性好。故梯形螺纹广泛用于汽车的转向机上。（　　）

5．预紧力过大，螺杆静载荷增大，不会降低本身强度。（　　）

6．采用双螺母可起到防松作用。 （ ）

7．端铆、冲点、点焊都属于永久防松。 （ ）

四、简答题

1．什么叫螺距？什么叫导程？它们之间有何关系？

2．什么叫螺纹？

3．什么叫压力角？什么叫螺纹升角？

4．螺纹防松的目的是什么？

模块十　液压与气压传动

课题一　液压传动基本知识

一、填空题

1. 液压传动装置实质上是一种__________装置，它先将__________转换为__________，并依靠____________来实现能量的传递，即将____________能转换为____________能。

2. 液压千斤顶在一次工作循环中，小油缸密封容积先由____________变____________，然后又由____________变____________，形成____________和____________两个过程。

3. 液压传动系统由动力部分、执行部分、控制部分、辅助部分、工作介质五大部分组成，各部分的作用如下：

（1）动力部分。其功用是把原动机________________转换为油液的________________能，输出高压油液。

（2）执行部分。其功用是把油液的________________转变成________________去驱动负载做功，实现往复直线运动、连续转动或摆动。

（3）控制部分。其功用是控制从液压泵到执行部分的油液的__________、__________和__________，从而控制执行部分的__________、__________和__________。

（4）辅助部分。其功用是________________、________________、________________和________________，并有________________作用。

（5）工作介质。液压系统中用量最大的工作介质是液压油。液压油不仅起__________作用而且对元件及装置起________________作用。

4. 液体静压力是指__________________________。静压力也称为_________________，其单位是__________________。

5. 在单位时间内流过其通流截面的液体体积，称为____________，用____________表示，其单位是________________，常用单位为________________。

6. 液压传动的两个基本原理是______________________和______________________。

7. ____叫液阻，由于液阻的存在，在液体流动时就会引起______________损失，这主要表现为____________损失。

二、选择题

1. 以下关于油液特性的叙述中错误的是（　　）。

A. 在液压传动中，油液可以近似看作不可压缩

B. 油液的黏度与温度变化有关，油温升高，黏度变大

C. 黏度是油液流动时内部产生摩擦力的性质

D. 液压传动中，压力的大小对油液的流动性影响不大，一般不予考虑

2. 关于液压传动的特点，下列描述正确的是（　　）。

A. 可以在大范围内实现有级调速，而且调速性能良好

B. 传动装置工作平稳、反应速度快、冲击小，能快速启动、制动和频繁换向

C. 特别是电液联合应用时，不易实现复杂的自动工作循环

D. 液压传动工作安全性好，但不易实现过载保护

3. 若液压千斤顶大小活塞直径之比为 5∶1，则两个活塞受到的作用力之比为（　　），受到液体的压力之比为（　　）。

A. 5∶1　　B. 25∶1　　C. 1∶1　　D. 1∶25

4. 理想液体在无分支管道内做稳定流动时，单位时间内通过管道中每一横截面的液体流量是（　　）的，这就是液体连续性原理。

A. 相等　　B. 不相等

5. 汽车液压传动制动装置如下图所示，脚踩力 F，脚与踏板接触面积为 A_1，活塞 B 的面积为 A_2，活塞 C 的面积为 A_3，若 $A_1>A_2>A_3$，那么它们所产生的压力关系是（　　）。

A. $P_1>P_2>P_3$　　B. $P_1<P_2=P_3$　　C. $P_1=P_2<P_3$

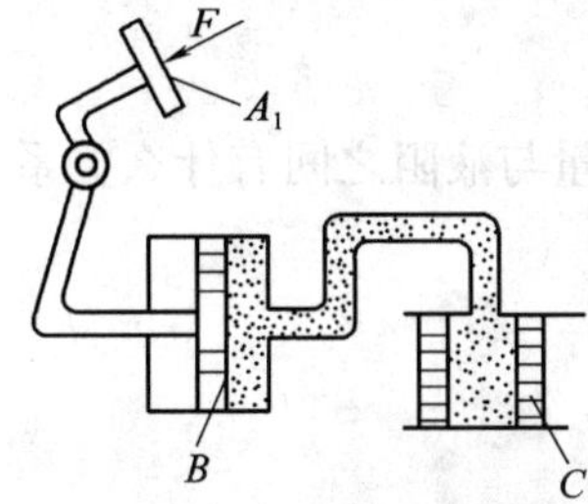

三、判断题

1. 油液温度越高，油液的黏度就越大；反之，温度越低，油液的黏度就越小。（　　）
2. 流量与通流面积和油液流动速度有关。（　　）
3. 液压泵的额定流量应大于泵的输出流量。（　　）
4. 作用在活塞上的力越大，活塞的运动速度就越快。（　　）
5. 油液流经无分支管道时，横截面积较大的截面通过的流量就较大。（　　）
6. 液压传动系统在工作时，必须依靠油液内部的压力来传递运动。（　　）
7. 液体在管道中流动时，管道截面积越大，其流速就越小，压力也越小。（　　）
8. 液压系统中压力大小是由负载决定的。（　　）

四、简答题

1. 为什么液压千斤顶用很小的力可顶起很重的重物？

2．液压传动的工作原理是什么？

3．液压传动有哪些优缺点？

4．液压系统对液压油有什么要求？

5．液压系统中压力损失、流量与液阻之间有什么关系？

五、计算题

如下图所示的液压千斤顶，已知小活塞面积 $A_1 = 1 \times 10^{-3}\ \text{m}^2$，$A_2 = 5 \times 10^{-3}\ \text{m}^2$，作用在小活塞上的力 $F_1 = 5\,880\ \text{N}$，求大活塞能顶起多重的重物。若小活塞下压速度为0.2 m/s，则大活塞上升速度为多少？

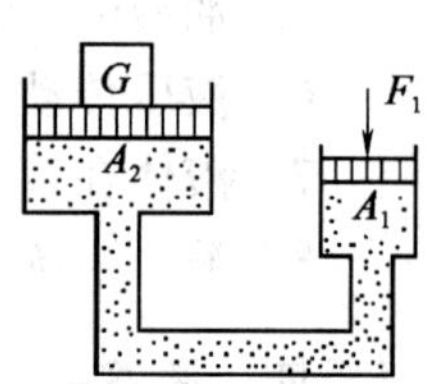

课题二　液压泵与液压缸

一、填空题

1．液压泵是将电动机输出的机械能____________液体压力能的____________装置。

2．液压泵是靠______________的变化来实现________________和________________的，所以称为容积泵。

3．一般来说，齿轮泵适用于________________系统，叶片泵适用于________________系统，柱塞泵适用于______________系统。

4．液压缸是将________________转变为________________的转换装置，一般用于实现____________或____________。

5．液压缸常用的密封方法有____________和____________。

6．液压缸的种类有____________、____________、____________等。

二、选择题

1．广泛应用于汽车空调压缩机、液压吊车的液压泵是（　　）。

A．齿轮泵　　B．叶片泵　　C．柱塞泵

2．自吸能力好，对油液污染较敏感，适用于中压系统的液压泵是（　　）。

A．齿轮泵　　B．叶片泵　　C．柱塞泵

3．汽车动力转向系统中使用的液压缸为（　　）。

A．单杆活塞式液压缸　　B．双出杆活塞式液压缸

C．摆动液压缸

三、判断题

1．容积泵输油量的大小取决于密封容积的大小。（　　）

2．液压泵的额定流量应稍高于系统所需的最大流量。（　　）

3．液压缸是液压传动系统的动力元件。（　　）

4．液压缸常用的缓冲结构可由活塞凸台和缸盖凹槽构成。（　　）

5．液压缸工作前需先排气。（　　）

四、简答题

1．简述液压泵的工作原理。

2. 简述单出杆活塞式液压缸的工作特点。

3. 简述双出杆活塞式液压缸的工作特点。

五、作图题

画出液压泵的图形符号。

课题三 液压控制元件

一、填空题

1. 液压控制阀分为________________、________________、________________，方向控制阀可分为________________、________________。

2. 单向阀的作用是只允许油液由________________方向向________________方向流动。

3. 换向阀的作用是改变______________、______________或________油路。

4. 压力控制阀可分为________________、____________、________________等。

5. 流量控制阀是靠______________________________来改变______________以控制______________的液压元件，简称______________。

6. 调速阀是由一个____________和一个______________串联组合而成的组合阀。

7. 在液压系统中，要降低整个系统的工作压力，可用________________阀，要降低局部系统的工作压力可用________________阀。

8. 油箱的作用为______________、______________、______________、____________。

二、选择题

1. 在液压传动系统中起安全保护作用的控制阀是（　　）。
   A. 减压阀　　B. 溢流阀　　C. 单向阀

2. 在液压传动系统中常用的流量控制阀是（　　）。
   A. 节流阀　　B. 溢流阀　　C. 单向阀

3. 在液压传动系统中用来变换油液流动方向，或者接通和关闭油路的控制阀是（　　）。
   A. 单向阀　　B. 溢流阀　　C. 换向阀

4. 在液压传动系统中要降低某一支路油液压力的控制阀是（　　）。
   A. 减压阀　　B. 溢流阀　　C. 顺序阀

5. 在液压传动系统中要控制各缸动作先后顺序的控制阀是（　　）。
   A. 减压阀　　B. 溢流阀　　C. 顺序阀

三、判断题

1. 溢流阀的进口压力即系统压力。（　　）
2. 通常减压阀的出口压力近于恒定。（　　）
3. 调速阀是最基本的流量阀。（　　）
4. 调节溢流阀中弹簧压力，即可调节系统压力大小。（　　）
5. 先导式溢流阀只适用于低压系统。（　　）
6. 顺序阀结构与溢流阀结构基本相似。（　　）
7. 通常泵的吸油口装精滤油器，出油口装粗滤油器。（　　）

四、简答题

1. 溢流阀有什么作用?

2. 写出下列符号的名称。

（1）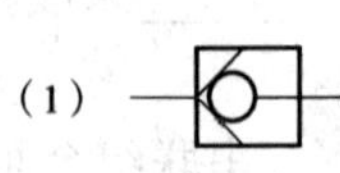

（2）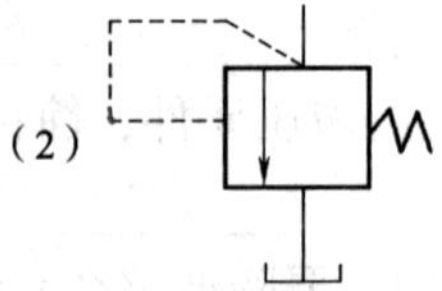

（3）

（4）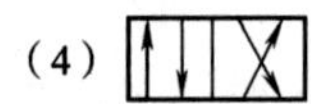

（5）

（6）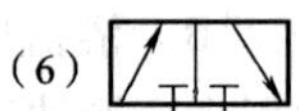

3. 如下图所示，1 处压力为 P_1，2 处压力为 P_2，问 P_1 和 P_2 哪个大？为什么？

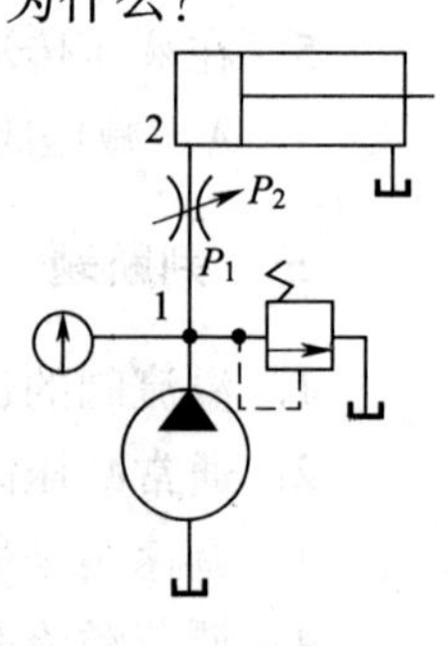

五、作图题

画出直动式溢流阀、减压阀、顺序阀的图形符号，并说出它们的异同点。

课题四　液压基本回路

一、填空题

1. 常用的液压基本回路有__________控制回路、__________控制回路、__________控制回路三大类。

2. 方向控制回路包括___________回路、__________回路，它们的作用是控制液流的___________、___________和流动方向。

3. 压力控制回路包括_____________回路、_____________回路和_____________回路等，共同的作用是调节系统或系统的某一部分压力，并实现其__________、__________、__________等控制，满足执行元件在力或转矩上的要求。

4. 调压回路和减压回路所采用的主要液压元件分别是___________和___________。

5. 卸载回路的作用是当液压系统的执行元件停止运动后，使液压泵的油液以最小的_____________直接回油箱。

6. 速度控制回路一般包括四种，它们的名称是___________调速回路、___________调速回路、___________调速回路、___________调速回路。

二、选择题

1. 下列回路中属于方向控制回路的是（　　）。

A. 换向和闭锁回路　　B. 调压与卸载回路

C. 节流调速和换向回路

2. 闭锁回路所采用的主要液压元件为（　　）。

A. 换向阀和液控单向阀　　B. 溢流阀和换向阀

C. 顺序阀和液控单向阀

3. 卸载回路属于（　　）回路。

A. 方向控制　　B. 压力控制　　C. 速度控制

4. 当油液中混入空气时，将引起执行元件在低速下（　　）。

A. 无承载能力　　B. 产生振动和噪声　　C. 爬行

5. 已接入系统的 CB 型齿轮泵转向反了，系统将会产生（　　）现象。

A. 没有压力　　B. 压力过高　　C. 执行元件爬行

三、判断题

1. 闭锁回路属方向控制回路，可采用滑阀机能为“O”或“M”型的换向阀来实现。（　　）

2. 卸载回路属压力控制回路，可采用滑阀机能为“H”或“M”型的换向阀来实现。（　　）

3. 压力调定回路主要由溢流阀等组成。（　　）

4. 用节流阀代替调速阀，可使节流调速回路活塞的运动速度不随负荷变化而波动。（　　）

5. 回油节流调速回路与进油节流调速回路的调速特性相同。（　　）

6. 一个复杂的液压系统，是由液压泵、液压缸和各种控制阀等基本回路组成的。（　　）

四、简答题

1. 指出下图回路为压力控制回路中的什么回路，并指出各元件的名称。

（1）此回路为__________回路。

（2）各元件名称：

1—

2—

3—

4—

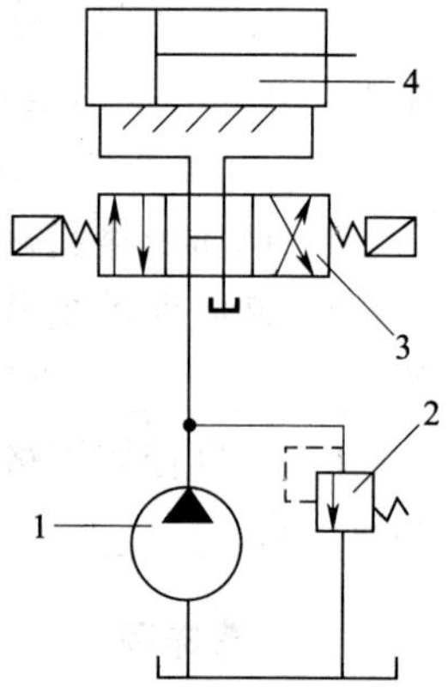

4

3

2

1

2. 圈出下图所示节流调速回路中节流阀在什么位置？并写出它们的作用。

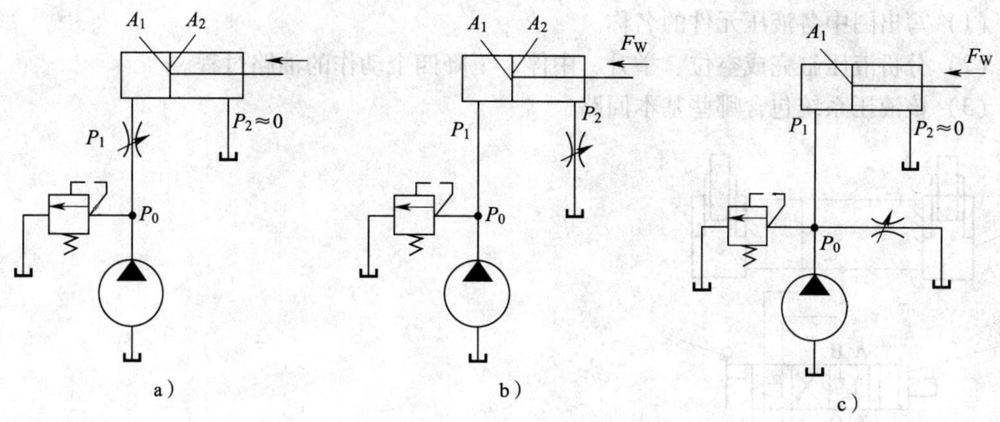

课题五　汽车典型液压系统分析

分析题

1. 下图所示为动力转向液压系统回路图，要求：

（1）写出图中各液压元件的名称。

（2）分析车轮直线行驶、车轮左转、车轮右转三个动作的油路过程。

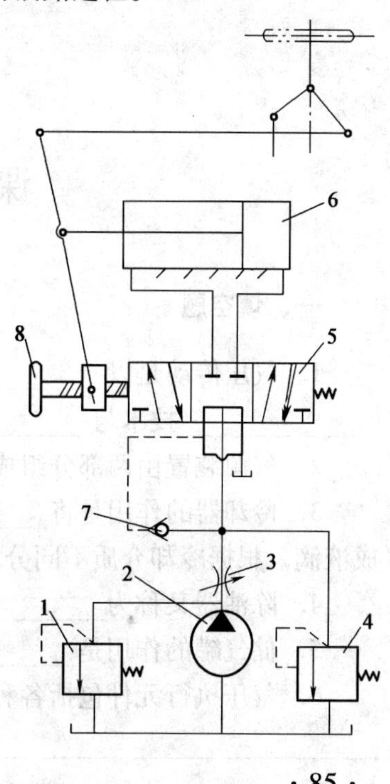

2. 下图所示是QD351型自卸车液压系统回路图，要求：

(1) 写出图中各液压元件的名称。

(2) 分析液压缸完成空位、举升、中停、下降四个动作的油路过程。

(3) 该液压系统包含哪些基本回路？

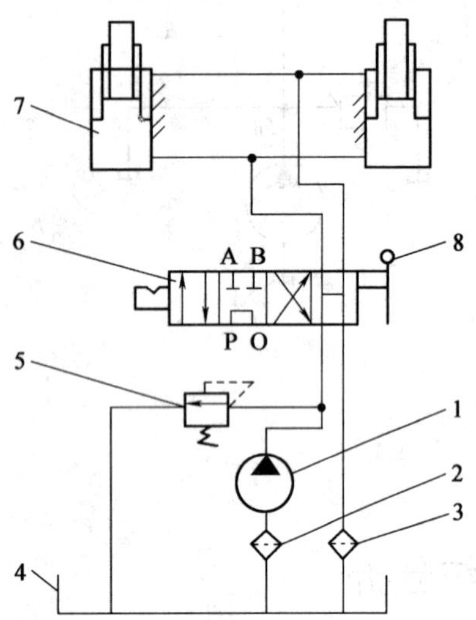

课题六　气压传动基本知识

一、填空题

1. 气压传动是以＿＿＿＿＿＿为工作介质来传递动力和控制信号的一门技术，包含＿＿＿＿＿＿技术与＿＿＿＿＿＿技术两方面的内容。

2. 气源装置由两部分组成，即＿＿＿＿＿＿和＿＿＿＿＿＿。

3. 冷却器的作用是将＿＿＿＿＿＿冷却，使其中＿＿＿＿＿＿和＿＿＿＿＿＿冷凝成液滴。根据冷却介质不同分为＿＿＿＿＿＿与＿＿＿＿＿＿两种。

4. 除油器又称为＿＿＿＿＿＿，其作用是＿＿＿＿＿＿。

5. 储气罐的作用是＿＿＿＿＿＿，＿＿＿＿＿＿，＿＿＿＿＿＿。

6. 气压执行元件包括各种＿＿＿＿＿＿和＿＿＿＿＿＿。它的功用是＿＿＿＿＿＿。气缸的工作原理与液压缸的工作原理＿＿＿＿＿＿。

7. 气压控制阀可分为____________、____________、____________、____________等，用以控制压缩空气的____________、____________和______________以及执行元件的工作程序，以便使执行元件完成预定的运动规律。

二、选择题

1. 分离清除压缩空气中的水分和油分等杂质，使压缩空气得到净化，主要由（　　）来实现。

A. 冷却器　　B. 除油器　　C. 储气罐　　D. 空气过滤器

2. 空气压缩机的润滑是通过（　　）来进行的。

A. 润滑油　　B. 润滑脂　　C. 润滑油雾

3. 当回路中的压力达到某给定值时，使部分或全部气体从排气口溢出，以保证回路压力稳定的阀为（　　）。

A. 减压阀　　B. 顺序阀　　C. 安全阀

4. 挂车制动系统中装有（　　），其作用是在解除制动时，提高解除挂车制动的速度，防止挂车制动拖滞。

A. 快速排气阀　　B. 与门型梭阀　　C. 或门型梭阀

三、判断题

1. 空气压缩机是将机械能转化为气体压力能的装置，是气动系统的动力源。（　　）

2. 空气具有可压缩性，气动系统能够实现过载自动保护。（　　）

3. 气动系统有较大的排气噪声。（　　）

4. 消声器的作用是排除压缩气体高速通过气动元件排到大气时产生的噪声污染。（　　）

5. 气压系统中可利用减压阀来实现对气源的调压控制。（　　）

四、简答题

1. 简述气压传动系统的优缺点。

2. 简述气压传动系统的组成及各组成部分的作用。

课题七 气动基本回路

一、填空题

1. 气动基本回路可分为______________回路、______________回路、______________回路等。

2. 气动压力控制回路主要有______________、______________、______________。

3. 气动速度控制回路主要有______________、______________、______________、______________。

4. 气动换向控制回路主要有______________、______________。

二、简答题

下图所示为解放 CA1091 型汽车的双回路气压制动系统回路图。写出图中元件 1、2、3、4、5、9、15 的名称和作用，并写出气压制动系统回路的后制动气流过程。

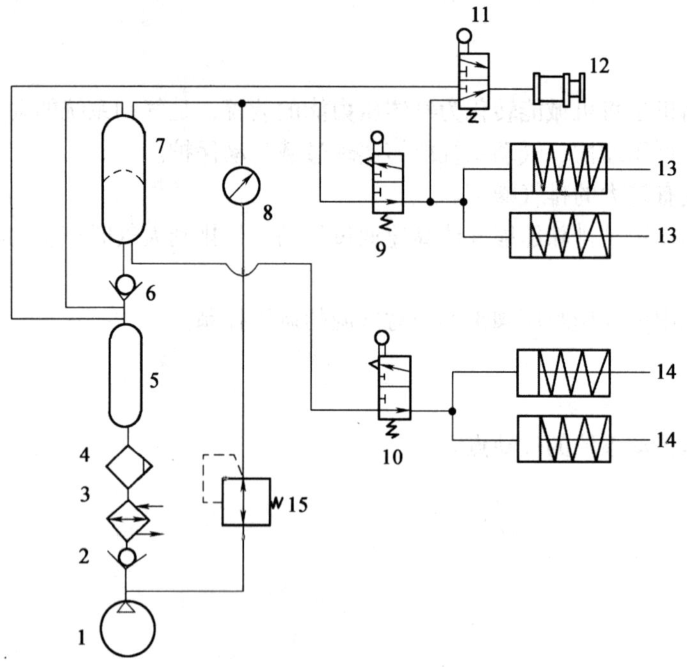

综合试卷一

一、填空题（每空1分，共20分）

1. 链传动的类型很多，按其用途不同，链可以分为________、________、________三大类。

2. 带传动的张紧装置通常采用________和________两种。

3. 齿轮传动按啮合方式分为________传动、________传动和________传动。

4. 调压回路和减压回路所采用的主要液压元件分别是________和________。

5. 周转轮系分为________轮系和________轮系两大类。

6. 汽车手动变速器用的是________轮系，驱动桥中的差速器是________轮系。

7. 活塞式内燃机广泛采用的是________机构。

8. 凸轮机构从动件常见的运动规律有________和________等。

9. 作用于物体上的各力的作用线都在________且________的力系称为平面任意力系。

10. 汽车制动系统中的制动器用来使汽车________，或者是防止停放在坡道上的汽车滑溜。

二、选择题（单选，每题2分，共20分）

1. V带的基准长度为（　　）。

   A. 内圈长度　　B. 中性层长度　　C. 外圈长度

2. 渐开线上任意一点的法线必（　　）基圆。

   A. 交于　　B. 垂直于　　C. 相切于

3. 蜗杆传动主动件为（　　）。

   A. 蜗杆　　B. 蜗轮　　C. 齿轮

4. 消除机构“死点”的不正确方法是（　　）。

   A. 利用飞轮装置　　B. 利用杆件自身质量

   C. 采用多组机构错列　　D. 改换机构的主动件

5. 材料拉伸（压缩）的虎克定律的表达式可写为（　　）。

   A. $\Delta L \propto \frac{NL}{A}$　　B. $\Delta L = \frac{NL}{EA}$　　C. $\varepsilon = \frac{\Delta L}{L}$　　D. $\Delta L = L_1 - L_2$

6. 既支承零件，又传递动力的轴是（　　）。

   A. 心轴　　B. 传动轴　　C. 转轴

7. 自动变速器中使用的制动器可为（　　）。

A. 湿式多片制动器　　B. 鼓式制动器

C. 盘式制动器

8. 常用于高温、高压、密封要求高的管路连接的螺纹应是（　　）螺纹。

A. 三角形　　B. 梯形　　C. 圆柱管　　D. 圆锥管

9. 广泛应用于汽车空调压缩机、液压吊车的液压泵是（　　）。

A. 齿轮泵　　B. 叶片泵　　C. 柱塞泵

10. 挂车制动系统中装有（　　），其作用是在解除制动时，提高解除挂车制动的速度，防止挂车制动拖滞。

A. 快速排气阀　　B. 与门型梭阀　　C. 或门型梭阀

三、判断题（每题 1 分，共 20 分）

1. 链传动能保证准确的平均传动比，传动功率较小。（　　）
2. 安装 V 带时，应保证带轮轮槽的两侧面及底面与带接触。（　　）
3. 模数 m 表示齿形的大小，它是没有单位的。（　　）
4. 蜗杆传动的承载能力大，效率高。（　　）
5. 各种双曲柄机构全都有“死点”位置。（　　）
6. 凸轮轮廓曲线上各点的压力角是不变的。（　　）
7. 对于跨度较大的梁，剪力对梁的影响远大于弯矩的影响。（　　）
8. 汽车后轴是传动轴。（　　）
9. 平键连接属于松键连接，采用基轴制。（　　）
10. 用于定位的销的使用数目不少于 2 个。（　　）
11. 液压泵的额定流量应大于泵的输出流量。（　　）
12. 溢流阀的进口压力即系统压力。（　　）
13. 气动系统有较大的排气噪声。（　　）
14. 普通螺纹的公称直径是指螺纹中径的基本尺寸。（　　）
15. 只有摩擦离合器，才具有安全保险作用。（　　）
16. 滚动轴承由于阻力小，摩擦小，一般不需要润滑。（　　）
17. 剪切与挤压同时产生时，构件强度要按剪切与挤压强度同时校核。（　　）
18. 凸轮的基圆尺寸越大，推动从动杆的有效分力也越大。（　　）
19. V 带传动装置必须安装安全防护罩。（　　）
20. 螺旋角 β 越大，斜齿轮传动越平稳。（　　）

四、简答题（每题 5 分，共 25 分）

1. V 带传动的使用和调整要注意哪些事项？

2. 防止轮齿折断的措施有哪些?

3. 空心轴有哪些好处？在什么情况下宜采用空心轴?

4. 多盘式摩擦离合器有何特点?

5. 液压传动有哪些优缺点?

五、作图、计算题（每题 5 分，共 15 分）

1．在下图所示的定轴轮系中，轴Ⅰ为主动轴，轴Ⅲ为输出轴。已知 $z_1=24$，$z_2=70$，$z_3=20$，$z_4=48$，$n_1=1\,400$ r/min，求 n_3为多少？

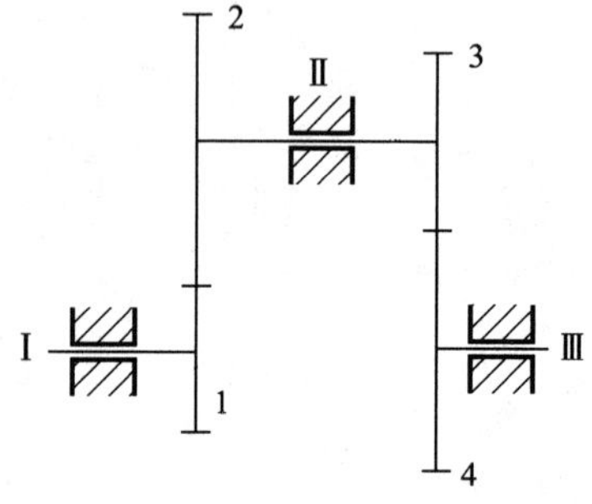

2．机器传动轴的直径 $D=80$ mm，转速 $n=200$ r/min，材料的许用切应力［τ］$=50$ MPa。试按强度条件计算此轴能传递的最大功率。

3. 下图中，拖车挂钩用销连接，已知销钉的材料是45钢，许用切应力 $[\tau]=60\ \text{MPa}$，拖车的拉力 $F=24\ \text{kN}$，试确定插销的直径。

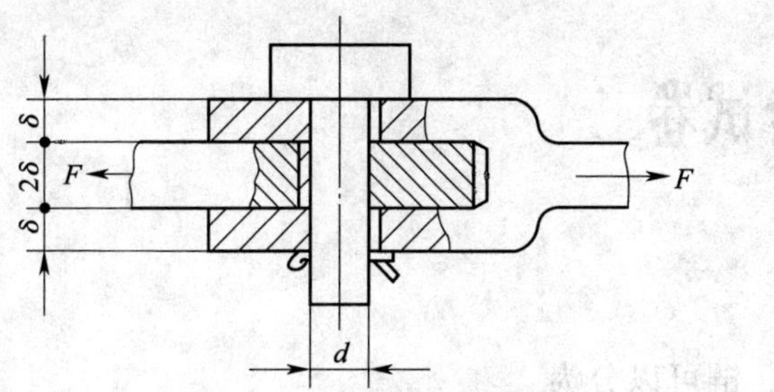

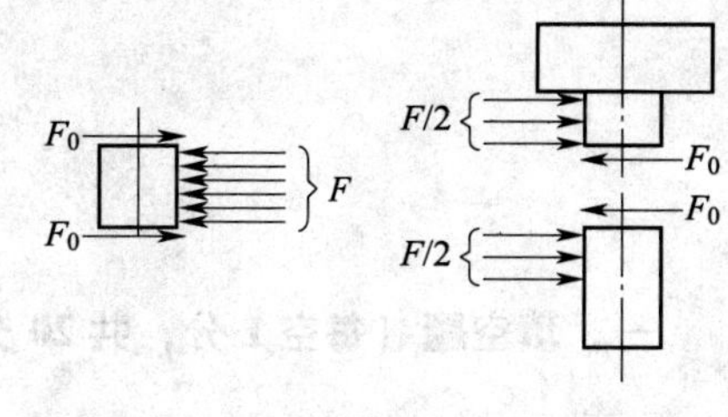

综合试卷二

一、填空题（每空1分，共20分）

1. 链传动的类型很多，按其用途不同，链可以分为________、________、________三大类。

2. 带传动的张紧装置通常采用________和________两种。

3. 标准直齿圆柱齿轮连续转动的条件是________。

4. 轮齿折断常见的形式主要是________折断和________折断。

5. 凸轮机构能否按预期的运动规律正常工作，主要取决于________。

6. 平面任意力系的平衡条件为力系中所有的力________；力系中所有的力________。

7. 轴的功用主要是________，并传递________。

8. 轴上零件的周向固定方法有________、________。

9. 滚动轴承根据所受载荷不同可分为________、________、________三大类型。

10. 超越离合器可以使________上出现________转速。

二、选择题（单选，每题2分，共20分）

1. V带截面夹角是（　　）。
   A. 38°　　B. 36°　　C. 34°　　D. 40°

2. 下列说法正确的是（　　）。
   A. $m = P/\pi$ 是一个无理数　　B. $m = P/\pi$ 是一个有理数
   C. m 与齿轮的承载能力无关

3. 高速重载或润滑不良的低速重载传动中常出现的失效形式有（　　）。
   A. 轮齿折断　　B. 齿面胶合　　C. 塑性变形

4. 定轴轮系加惰轮的作用是（　　）。
   A. 增大传动比　　B. 减小传动比　　C. 改变从动轮转向

5. 铰链四杆机构中，存在急回运动和死点的机构是（　　）。
   A. 曲柄摇杆机构　　B. 双摇杆机构　　C. 双曲柄机构

6. （　　）对于较复杂的凸轮轮廓曲线，也能准确地获得所需要的运动规律。
   A. 尖顶式从动件　　B. 滚子式从动件
   C. 平底式从动件　　D. 曲面式从动件

7. 拉（压）杆的危险截面（　　）是截面积最小的截面。
   A. 一定　　B. 一定不　　C. 不一定

8．只支承零件，不传递动力的轴是（　　）。

A．心轴　　B．传动轴　　C．转轴

9．在直齿圆柱齿轮传动中，可选用（　　）型轴承支承。

A．6000　　B．3000　　C．5000

10．汽车动力转向系统中使用的液压缸为（　　）。

A．单杆活塞式液压缸　　B．双出杆活塞式液压缸

C．摆动液压缸

三、判断题（每题1分，共20分）

1．链传动能在高温、低速、重载条件下和尘土飞扬的不良环境中工作。（　　）

2．包角越大，带与带轮的接触弧越长，能传递的功率就越大。（　　）

3．齿轮传动与带传动相比，更适于传递中心距较大的场合。（　　）

4．齿条传动只能由齿轮的转动变为齿条的移动。（　　）

5．蜗杆传动的承载能力大，效率高。（　　）

6．轮系的传动比是指轮系中首、末两齿轮的齿数比。（　　）

7．导杆机构中导杆的往复运动有急回特性。（　　）

8．当挤压面为半圆柱面时，其计算挤压面积按该面的正投影面面积计算。（　　）

9．滚动轴承由于径向尺寸较大，故其抗冲击能力高。（　　）

10．整体式滑动轴承应用于转速较高的场合。（　　）

11．锥形制动器一般应用在较大转矩的制动上。（　　）

12．B型平键不会发生轴向移动，所以应用最广。（　　）

13．端铆、冲点、点焊都属于永久防松。（　　）

14．作用在活塞上的力越大，活塞的运动速度就越快。（　　）

15．液压系统中压力大小是由负载决定的。（　　）

16．先导式溢流阀只适用于低压系统。（　　）

17．压力调定回路主要由溢流阀等组成。（　　）

18．空气具有可压缩性，气动系统能够实现过载自动保护。（　　）

19．气压系统中可利用减压阀来实现对气源的调压控制。（　　）

20．矩形花键定心方式采用大径定心，定心精度高，稳定性好。（　　）

四、简答题（每题5分，共25分）

1．什么是齿轮传动？齿轮传动有哪些特点？

2. 铰链四杆机构有哪些基本形式？它是根据什么条件来分类的？

3. 转动物体的平衡条件是什么？

4. 心轴、传动轴、转轴的应用特点各是什么？

5. 十字滑块联轴器属于哪种联轴器？并有何补偿作用？

五、作图、计算题（每题5分，共15分）

1. 一对啮合的标准直齿圆柱齿轮（压力角 $\alpha=20°$，齿顶高系数 $h_a^*=1$，顶隙系数 $c^*=0.25$），齿数 $z_1=20$，$z_2=40$，模数 $m=10$ mm，试计算各齿轮分度圆直径 d、齿顶圆直径 d_a、齿根圆直径 d_f、齿厚 S、基圆直径 d_b 和两齿轮的中心距 a。

2. 汽车采用行星齿轮机构如下图所示，设太阳轮 1 的齿数 $z_1=105$，齿圈 3 的齿数 $z_3=135$，当太阳轮被固定，齿圈 3 为主动件，行星架 H 为从动件时，求此机构的传动比。

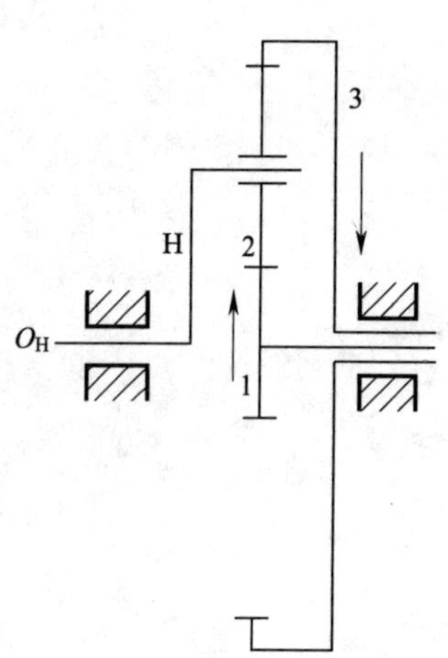

3．如下图所示悬臂梁，梁长 $l = 100\ \text{cm}$，集中载荷 $F = 10\ 000\ \text{N}$，梁截面为工字形，已知其 $W_Z = 102\ \text{cm}^3$，试求出其最大弯矩和最大正应力。

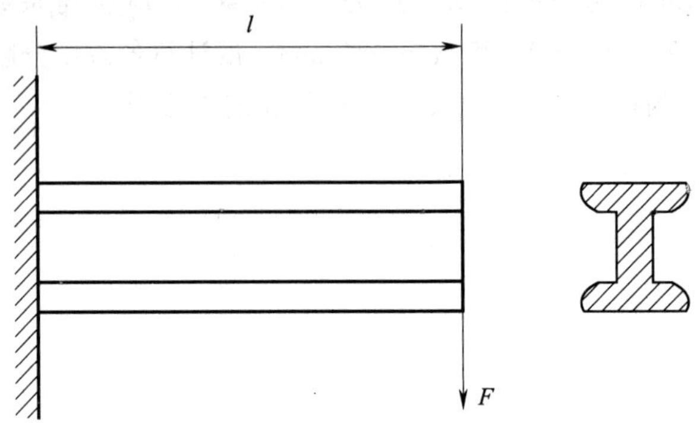

综合试卷三

一、填空题（每空1分，共20分）

1．对齿轮传动的基本要求是____________和____________。

2．普通蜗杆传动的正确啮合条件是____________、____________、____________。

3．组成曲柄摇杆机构的条件是最短杆与最长杆的长度之和________或____________其他两杆的长度之和；最短杆的相邻构件为____________机构，则最短杆为____________。

4．根据直轴所受载荷不同，可将其分为__________、__________、__________三种类型。

5．滑动轴承根据所承受载荷的方向，可分为____________和____________轴承。

6．定轴轮系的传动比是指________________________之比。

7．杆件的基本变形形式有__________、__________、__________、__________四种。

8．凸缘式联轴器对所连接两轴的______________性要求很高。

二、选择题（单选，每题2分，共20分）

1．一对渐开线齿轮传动（　　）。

A．保持传动比恒定

B．在非标准中心距条件下，节圆与分度圆重合

C．在标准中心距条件下，啮合角与压力角不相等

2．一组V带中，有一根不能使用了，这时应（　　）。

A．全组更换　　B．只更换一根　　C．更换其中几根

3．四杆机构中（　　）。

A．与机架连接的杆称为连架杆　　B．做整周运动的连杆称为曲柄

C．与二连架杆连接的杆称为摇杆　　D．摇杆只能平移时称为平面四杆机构

4．为保证滚子摆动从动件的凸轮机构从动件的运动规律不“失真”，滚子半径应（　　）。

A．小于凸轮理论轮廓曲线外凸的最小曲率半径

B．小于凸轮实际轮廓曲线外凸部分的最小曲率半径

C．大于凸轮理论轮廓曲线外凸部分的最小曲率半径

5．材料拉伸（压缩）的虎克定律的表达式可写为（　　）。

A．$\Delta L \propto \frac{NL}{A}$　　B．$\Delta L = \frac{NL}{EA}$　　C．$\varepsilon = \frac{\Delta L}{L}$　　D．$\Delta L = L_1 - L_2$

6．既承受径向力，又承受单向轴向力时，合理选用滚动轴承的类型代号是（　　）。

A．3000　　B．2000　　C．6000

7．因为圆锥销有（　　），具有可靠的自锁性，可以在同一销孔中多次装拆而不影响被连接零件的相互位置精度。

A. 1∶50 的斜度　　B. 1∶50 的锥度　　C. 1∶100 的锥度

8. 已接入系统的 CB 型齿轮泵转向反了，系统将会产生（　　）现象。

A. 没有压力　　B. 压力过高　　C. 执行元件爬行

9. 用于机械静连接的螺栓，其螺纹应是（　　）螺纹。

A. 三角形　　B. 梯形　　C. 锯齿形　　D. 矩形

10. 若要凸轮机构合理紧凑，则（　　）。

A. 基圆要大　　B. 压力角要小

C. 基圆半径不超过许用值　　D. 最大压力角不超过许用值

三、判断题（每题 1 分，共 20 分）

1. V 带截面形状是梯形，两侧面是工作面，其夹角 θ 等于 40°。（　　）
2. 标准直齿圆柱齿轮的连续转动的条件是 $\varepsilon \geqslant 1$。（　　）
3. 通常在蜗轮蜗杆传动中，蜗轮是主动件。（　　）
4. 力 F 对任一点的力矩，不会因力 F 的作用点沿其作用线移动而改变。（　　）
5. 传动轴在工作中只承受扭转作用。（　　）
6. 滚动轴承失效的主要形式是点蚀，而滑动轴承的主要失效形式是磨损。（　　）
7. 汽车上常用的制动器是鼓式制动器和盘式制动器。（　　）
8. 预紧力过大，螺杆静载荷增大，不会降低本身强度。（　　）
9. 流量与通流面积和油液流动速度有关。（　　）
10. 液压泵的额定流量应稍高于系统所需的最大流量。（　　）
11. 卸载回路属于压力控制回路，可采用滑阀机能为“H”或“M”型的换向阀来实现。（　　）
12. 自行车的中轴是转动心轴。（　　）
13. 固定端约束的特点是构件一端固定，既不能移动也不能转动。（　　）
14. 盘形凸轮的行程是与基圆半径成正比的，基圆半径越大，行程也越大。（　　）
15. 把铰链四杆机构的最短杆作为固定机架，就可以得到双曲柄机构。（　　）
16. 惰轮对轮系的传动比大小有影响。（　　）
17. 十字滑块联轴器对轴与轴承能产生附加载荷。（　　）
18. 曲轴可以将旋转运动变为直线往复运动。（　　）
19. 对开式滑动轴承油槽应开在下轴瓦。（　　）
20. V 带张紧轮应安装在带的松边外侧靠近小带轮。（　　）

四、简答题（每题 5 分，共 25 分）

1. 什么是齿轮轮齿的失效？常见的失效形式有哪几种？

2. 如何区别行星轮系和差动轮系？

3. 选用滚动轴承考虑的因素有哪些？

4. 力偶的两力大小相等，方向相反，这与作用力和反作用力有什么不同？与二力平衡又有什么不同？

5. 螺纹防松的目的是什么？

五、作图、计算题（每题5分，共15分）

1．有一链传动，已知主动链轮转速 $n_1=200$ r/min，主动链轮齿数 $z_1=40$，从动链轮齿数 $z_2=80$，求从动链轮转速 n_2。

2．某发动机行星减速器如下图所示，齿圈3与曲轴连接，行星架H与螺旋桨连接。已知：$z_1=20$，$z_2=15$，$z_3=50$，齿圈3固定不动。求轮系传动比i_{1H}的大小，并确定$n_1=$ 1 400 r/min时螺旋桨的转速n_H。

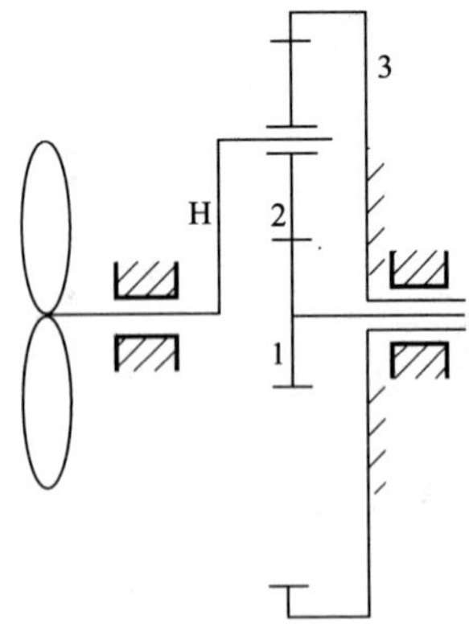

3．如下图所示为等截面直杆，$F_1=200$ kN，$F_2=100$ kN。求截面1—1和截面2—2上的内力F_{N1}和F_{N2}。

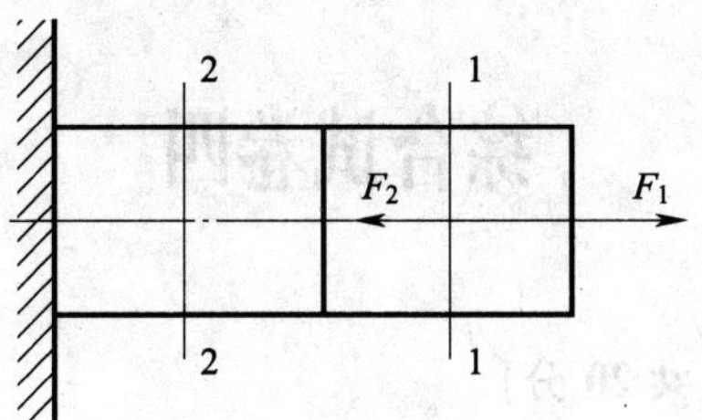

综合试卷四

一、填空题（每空 1 分，共 20 分）

1．V 带结构分为______结构、______结构和______结构。

2．模数是齿轮的______参数，是齿轮各部分几何尺寸计算的______，齿形的大小和强度与它成______。

3．标准斜齿圆柱齿轮正确啮合的条件是______、______、______。

4．由一系列______组成的传动系统称为轮系。

5．平面连杆机构是由一些刚性构件用______副或______副相互连接而组成的在同一平面或相互平行平面内运动的机构。

6．凸轮机构就是利用凸轮______或______轮廓与推杆接触而得到预定______的一种机构。

7．按照轴的轴线形状不同，可将轴分为______和______两大类。

8．滑动轴承按摩擦（润滑）状态可分为______轴承和______轴承。

9．卸载回路的作用是当液压系统的执行元件停止运动后，使液压泵的油液以最小的______直接回油箱。

二、选择题（单选，每题 2 分，共 20 分）

1．国家标准规定渐开线圆柱齿轮分度圆上的压力角 α =（　　）。

A．20°　　B．30°　　C．40°

2．齿轮传动中，以下说法正确的是（　　）。

A．齿厚是轮齿两侧渐开线在齿顶圆上的弧长

B．齿槽宽是相邻齿渐开线在分度圆上的弧长

C．齿顶高是齿顶到齿根的高度

D．齿根高是齿顶圆与齿根圆之间的径向距离

3．公共汽车的车门启闭机构属于（　　）。

A．曲柄摇杆机构　　B．双摇杆机构

C．平行双摇杆机构　　D．反向双曲柄机构

4．有关凸轮机构的论述，正确的是（　　）。

A．可以任意拟定主动件的运动规律

B．可以用于对从动件的运动规律要求严格的场合

C．是高副机构，可以传递很大的动力，但不可以高速启动

5．构件的许用应力［σ］是保证构件安全工作的（　　）。

A．最高工作力　　B．最低破坏力　　C．最低工作力　　D．平均工作力

6. 对轴上零件做周向固定可采用（　　）。

A. 轴肩　　B. 圆螺母　　C. 平键固定

7. 传统使用的轴瓦材料是（　　）。

A. 铸铁　　B. 铸青铜　　C. 轴承合金　　D. 碳钢

8. 对两轴的位移有补偿能力的联轴器是（　　）。

A. 凸缘联轴器　　B. 齿式联轴器　　C. 安全联轴器

9. 机器在运转中如要降低其运转速度或让其停止运动，可以使用（　　）。

A. 制动器　　B. 联轴器　　C. 离合器

10. 在液压传动系统中起安全保护作用的控制阀是（　　）。

A. 减压阀　　B. 溢流阀　　C. 单向阀

三、判断题（每题 1 分，共 20 分）

1. 齿形链与滚子链相比，具有工作平稳、噪声小、耐冲击、允许较高的链速等优点。（　　）
2. 离基圆越远，渐开线越趋平直。（　　）
3. 在设计齿轮时，模数可以取标准系列值，也可以随意定一个模数。（　　）
4. 锥齿轮轮齿的形状较多，有直齿、斜齿和曲线锥齿轮。（　　）
5. 凸轮机构的从动杆都是在垂直于凸轮轴的平面内运动。（　　）
6. 力偶可以用一个力来代替，也可以用一个力来平衡。（　　）
7. 轮系可合成运动，但不可分解运动。（　　）
8. 滚动轴承工作时阻力小，高速时噪声也小。（　　）
9. 只有套筒式联轴器才具有安全保险作用。（　　）
10. 键是标准零件。（　　）
11. 液压传动系统在工作时，必须依靠油液内部的压力来传递运动。（　　）
12. 调速阀是最基本的流量阀。（　　）
13. 通常泵的吸油口装精滤器，出油口装粗滤器。（　　）
14. 光轴和阶梯轴都属于直轴。（　　）
15. 凸轮机构能很好地完成从动件的间歇运动。（　　）
16. 齿轮传动不能保证准确的传动比。（　　）
17. 蜗杆与蜗轮的轴线在空间互相垂直交错成 90°。（　　）
18. 顶置凸轮轴的正时带传动的张紧轮应安装在带的松边内侧。（　　）
19. 楔键连接以两侧面为工作面来传递转矩。（　　）
20. 液压缸常用的缓冲结构可由活塞凸台和缸盖凹槽构成。（　　）

四、简答题（每题 5 分，共 25 分）

1. 防止轮齿折断的措施有哪些？

2. 在导杆机构中，如何演化为转动导杆机构和摆动导杆机构？

3. 整体式滑动轴承有何特点？

4. 常用轴的结构应满足哪三方面的要求？

5. 什么是平面汇交力系？它的平衡条件是什么？

五、作图、计算题（每题5分，共15分）

1. 有一对标准直齿圆柱齿轮，$m = 2$ mm，$\alpha = 20°$，$z_1 = 25$，$z_2 = 50$，求：（1）如果 $n_1 = 960$ r/min，n_2是多少？（2）中心距 a 是多少？（3）齿距 P 是多少？

2. 某四杆机构各杆的尺寸分别为$\overline{AB}=450$ mm、$\overline{BC}=400$ mm、$\overline{CD}=300$ mm、$\overline{AD}=200$ mm。试问以哪个杆作为机架，可得到曲柄摇杆机构？如果以 BC 杆作为机架，则会得到什么机构？如果以 AD 杆作为机架，则会得到什么机构？

3. 试分析图中拉杆的受拉面、受剪面和受挤面，并分别列出其强度条件。

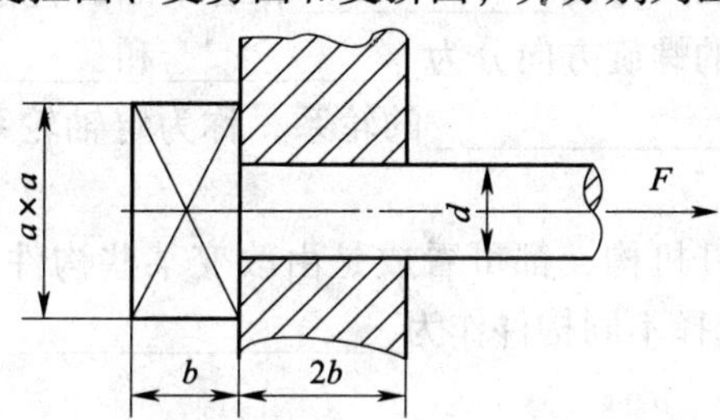

综合试卷五

一、填空题（每空 1 分，共 20 分）

1. 链传动的传动比就是____________与____________的转速之比，也等于其齿数的__________________。

2. 齿数是计算齿轮各圆尺寸的__________，各个圆的直径与齿数成__________。

3. 斜齿圆柱齿轮轮齿的螺旋方向分为__________和______________。

4. 在轮系中，________________的轮系，称为定轴轮系；________________的轮系，称为周转轮系。

5. 实际的各种形式四杆机构，都可看成是由改变某些构件的________________、______________或者选择不同构件作为________________等方法所得到的铰链四杆机构的演化形式。

6. 为了避免凸轮工作轮廓线变尖或运动失真，一般要求 r_T________，凸轮工作轮廓线的最小曲率半径一般_____________。

7. 用扳手拧螺母产生的绕螺母中心 O 的转动效应，不仅与力的__________有关，而且与螺母中心 O 到力的作用线的__________有关。

8. 弯矩的符号规定为当梁弯曲成____________时为正号，弯曲成____________时为负号。

9. 单缸内燃机中，采用__________轴实现活塞的往复直线运动和飞轮转动的转换，其工作的实质是采用____________________机构。

二、选择题（单选，每题 2 分，共 20 分）

1. 能保持瞬时传动比恒定的传动是（　　）。

   A. 带传动　　　　B. 链传动　　　　C. 齿轮传动

2. 对于齿条，关于不同齿高上的齿距和压力角，正确的是（　　）。

   A. 齿距相同，压力角不同　　　　B. 齿距不同，压力角相同

   C. 齿距相同，压力角相同　　　　D. 齿距不同，压力角不同

3. 自行车后飞轮的内部结构为（　　），因而可蹬车滑行乃至回链。

   A. 链传动　　　　B. 制动器　　　　C. 超越离合器

4. 根据平键的（　　）不同，分为 A、B、C 型。

   A. 截面形状　　　　B. 尺寸大小　　　　C. 头部形状

5. 关于液压传动的特点，下列描述正确的是（　　）。

   A. 可以在大范围内实现有级调速，而且调速性能良好

   B. 传动装置工作平稳、反应速度快、冲击小，能快速启动、制动和频繁换向

C. 特别是电液联合应用时，不易实现复杂的自动工作循环

D. 液压传动工作安全性好，但不易实现过载保护

6. 卸载回路属于（　　）回路。

A. 方向控制　　B. 压力控制　　C. 速度控制

7. 压力角增大时，对（　　）。

A. 凸轮机构的工作不利　　B. 凸轮机构的工作有利

C. 凸轮机构的工作无影响

8. 定轴轮系传动比 $i_{ik}=\frac{n_1}{n_k}=(-1)^m\times\frac{\text{所有从动轮齿数乘积}}{\text{所有主动轮齿数乘积}}$，式中，用（$-1$）^{m} 判断转向，只限于（　　）。

A. 含有锥齿轮的轮系　　B. 含有蜗轮蜗杆的轮系

C. 仅由圆柱齿轮组成的定轴轮系

9. （　　）从动件的行程不能太大。

A. 盘形凸轮　　B. 移动凸轮机构　　C. 圆柱凸轮机构

10. 根据强度条件，构件危险截面上的最大工作应力不大于材料的（　　）。

A. 许用应力　　B. 极限应力　　C. 破坏应力

三、判断题（每题 1 分，共 20 分）

1. 渐开线上任意一点的法线不可能都与基圆相切。（　　）
2. 分度圆上压力角小于标准值时，齿形根部变厚，齿顶变尖，承载能力强。（　　）
3. 蜗杆的头数越多，蜗杆传动效率越低。（　　）
4. 常把曲柄摇杆机构的曲柄和连杆叫作连架杆。（　　）
5. 偏心轮机构可以克服“死点”位置。（　　）
6. 用轴肩（轴环）可以对轴上零件做轴向固定。（　　）
7. 为便于装拆，一般情况下，轴承内圈配合应松些，外圈配合要紧些。（　　）
8. 为提高重要轴承的承载能力，可采用在轴瓦上浇铸轴承衬的做法。（　　）
9. 离合器可以代替联轴器的作用。（　　）
10. 将平键加长，可成为导向平键。（　　）
11. 圆柱销一般用于被连接件经常拆卸的场合。（　　）
12. 管螺纹牙型角为 55°。（　　）
13. 液压缸是液压传动系统的动力元件。（　　）
14. 顺序阀结构与溢流阀结构基本相似。（　　）
15. 储气罐的作用只是用来储存高压气体。（　　）
16. 材料力学中，在对构件进行受力分析时，能将外力沿其作用线任意移动而不影响对构件的作用。（　　）
17. 选择滚子从动件的滚子半径时，必须使滚子半径小于凸轮实际轮廓曲线外凸部分的最小曲率半径。（　　）
18. 斜齿轮具有两种模数，其中以端面模数作为标准模数。（　　）
19. 蜗杆与蜗轮的轴线在空间互相垂直交错成 90°。（　　）

20. 利用改变构件之间相对长度的方法，可以把曲柄摇杆机构改变成双摇杆机构。（　　）

四、简答题（每题5分，共25分）

1. 蜗杆传动有什么特点？在汽车上常用在什么地方？

2. 轮系主要有哪些应用特点？

3. 液压传动系统中，常用的液压泵有哪几类？

4. 什么叫螺距？什么叫导程？它们之间有何关系？

5．轴上零件的固定方法有哪些？

五、作图、计算题（每题 5 分，共 15 分）

1．一个定量液压泵、一个减压阀、一个溢流阀、一个油箱能实现哪种基本回路？试画出液压基本回路图。

2．如下图所示轮系中，已知各轮齿数分别为 $z_1=24$，$z_2=28$，$z_3=20$，$z_4=60$，$z_5=20$，$z_6=20$，$z_7=28$，求传动比 i_{17}。若齿轮 1 的转向已知（如图中 n_1 所示），试判定轮 7 的转向。

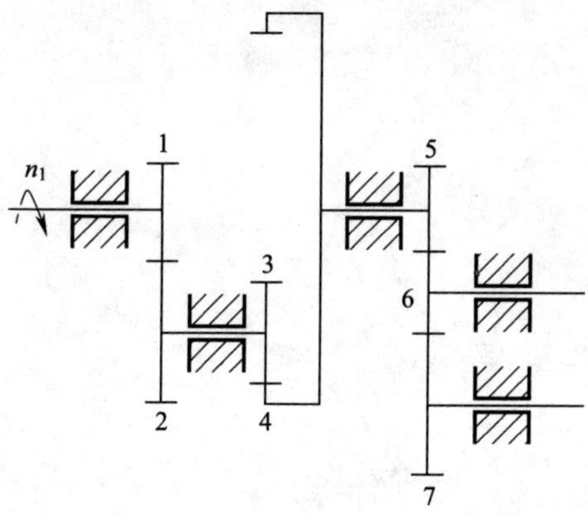

3. 有一四杆机构，各杆件长度分别为 $a=350$ mm、$b=550$ mm、$c=200$ mm、$d=700$ mm，试问：（1）当取 d 杆为机架时，机构有几个曲柄？（2）当取何杆为机架时，该机构为双摇杆机构?

ICS 03.120.20
R 16
备案号:

CAMRA

中国汽车维修行业协会团体标准

T/CAMRA 002—2016

放心汽修认证评价规范

Certification evaluation norms for reassurance service of automobile maintenance and repair

2016-04-01发布 2016-05-01实施

中国汽车维修行业协会 发布